essentials

essentials liefern aktuelles Wissen in konzentrierter Form. Die Essenz dessen, worauf es als „State-of-the-Art" in der gegenwärtigen Fachdiskussion oder in der Praxis ankommt. *essentials* informieren schnell, unkompliziert und verständlich

- als Einführung in ein aktuelles Thema aus Ihrem Fachgebiet
- als Einstieg in ein für Sie noch unbekanntes Themenfeld
- als Einblick, um zum Thema mitreden zu können

Die Bücher in elektronischer und gedruckter Form bringen das Expertenwissen von Springer-Fachautoren kompakt zur Darstellung. Sie sind besonders für die Nutzung als eBook auf Tablet-PCs, eBook-Readern und Smartphones geeignet. *essentials:* Wissensbausteine aus den Wirtschafts-, Sozial- und Geisteswissenschaften, aus Technik und Naturwissenschaften sowie aus Medizin, Psychologie und Gesundheitsberufen. Von renommierten Autoren aller Springer-Verlagsmarken.

Weitere Bände in der Reihe http://www.springer.com/series/13088

Evelyn Werro

Gruppendynamische Aspekte agiler Frameworks

Agile Teams im Spannungsfeld von Zugehörigkeit, Macht und Intimität

Evelyn Werro
Winterthur, Schweiz

ISSN 2197-6708   ISSN 2197-6716   (electronic)
essentials
ISBN 978-3-658-19376-8   ISBN 978-3-658-19377-5   (eBook)
DOI 10.1007/978-3-658-19377-5

Die Deutsche Nationalbibliothek verzeichnet diese Publikation in der Deutschen Nationalbiblio-
grafie; detaillierte bibliografische Daten sind im Internet über http://dnb.d-nb.de abrufbar.

Gedruckt auf säurefreiem und chlorfrei gebleichtem Papier

Springer ist Teil von Springer Nature
Die eingetragene Gesellschaft ist Springer Fachmedien Wiesbaden GmbH
Die Anschrift der Gesellschaft ist: Abraham-Lincoln-Str. 46, 65189 Wiesbaden, Germany

Inhaltsverzeichnis

Einleitung
1

Ein Großteil der Firmen und Institutionen funktioniert noch immer nach den organisatorischen Paradigmen der Industrialisierung. Damals hilfreiche und folgerichtige Strukturen werden in der heutigen, schnelllebigen Zeit zunehmend als hinderlich empfunden – ganz im Sinne von: „Die Lösungen von gestern sind die Probleme von heute". Beschleunigte Produkt- und Technologiezyklen und damit sich schneller verändernde Märkte und Anforderungen tragen zu einer immer höher werdenden Komplexität bei, welche ein Einzelner nicht mehr zu überschauen vermag. Entsprechend erklingt der Ruf nach neuen Führungsmodellen, anderen Organisationsformen und Kulturänderungen. Denn Organisationen, welche den Anforderungen der Märkte nicht mehr zeitnah gerecht werden können und damit die Wertschöpfung und Innovationskraft verlieren, sind faktisch dem Niedergang geweiht. Aus dieser Notwendigkeit werden neue Organisationsparadigmen entworfen, ausprobiert und eingeführt mit dem Ziel, schneller mit Produkten am Markt zu sein und durch Flexibilisierung schneller auf veränderte Anforderungen der Kundschaft reagieren zu können. Produkte sind dabei nicht nur im engeren, materiellen Sinn zu verstehen, auch Angebote und Dienstleistungen sind darin eingeschlossen. Gloger und Margetich gehen im Buch „Das Scrum Prinzip" (2014, S. 88) sogar soweit, die Organisation als Produkt zu deklarieren und Organisationsentwicklung entsprechend als Produktentwicklungsprozess zu verstehen.

Wie muss denn nun eine Unternehmung resp. eine Organisation aussehen, welche in diesem Umfeld bestehen kann? Sicher ist, dass die bisherigen starren Modelle mit rigiden Hierarchien und fest definierten Prozessen der Komplexität kaum gewachsen sind. Als Lösung wird hier oft das agile Organisationsparadigma angeboten, allerdings ohne genauer auszuführen, was genau darunter zu verstehen ist. Zwar sind in der Literatur Merkmale und Eigenschaften einer agilen Unternehmung beschrieben, vereinzelt sind Begriffsbestimmungen vorhanden, eine allgemeingültige Definition aber fehlt.

© Springer Fachmedien Wiesbaden GmbH 2018

E. Werro, *Gruppendynamische Aspekte agiler Frameworks,* essentials,

DOI 10.1007/978-3-658-19377-5_1

1.1   Gliederung

Nach einer kurzen allgemeinen Betrachtung was das agile Paradigma bedeuten könnte und wie respektive wo es sich vom traditionellen Organisationsparadigma unterscheidet, wird das Framework Scrum – stellvertretend für andere agile Vorgehensweisen – vertiefter betrachtet.

Danach folgt ein kurzer Überblick über die Gruppendynamik. Da diese selber eine umfangreiche wissenschaftliche Disziplin ist, muss sie hier dann jedoch eingeschränkt betrachtet und auf die zentralen Elemente limitiert werden, welche für agile Vorgehensmodelle und entsprechend für Scrum primär relevant sind. Das Augenmerk der gruppendynamischen Betrachtungen wird also auf Aspekten wie Selbstorganisation und Arbeitsfähigkeit des Entwicklungsteams in Scrum liegen.

Geleitet von der Frage, ob Scrum erfolgreich sein kann, wenn den impliziten gruppendynamischen Aspekten explizit keine Beachtung geschenkt wird, wird im nächsten Schritt ermittelt inwiefern Scrum und Gruppendynamik in Beziehung stehen, inwieweit gruppendynamische Erkenntnisse ihren Niederschlag in Scrum finden, d. h. irgendwie strukturell berücksichtigt werden, welche gruppendynamischen Aspekte oder Strukturelemente in Scrum eingesetzt werden (ohne jedoch als solche benannt zu werden).

Das Agile (Organisations-)Paradigma

2

Agil steht gemäß Duden für *von großer Beweglichkeit zeugend, regsam und wendig* (vgl. http://www.duden.de/suchen/dudenonline/agil). In verschiedenen Disziplinen wird der Begriff in diesem Sinne, teilweise aber auch als Akronym mit ganz anderen Bedeutungen verwendet.

Im organisationalen Umfeld ist *Agil* zu einem Buzzword avanciert und impliziert meist ein Modell oder ein Framework. *Agil* entspricht in diesem Kontext der Definition im Duden. In den letzten Jahren entstanden immer mehr agile Vorgehensweisen, Methoden, Frameworks oder Organisationsparadigmen wie z. B. SAFe, LeSS, Holokratie und Scrum, um nur einige zu nennen. *Agil* wird dem Trend folgend aber auch allem Möglichen vorangestellt. So wird von agilem Projektmanagement, agilem Coaching, agiler Führung, agilem Change Management etc. gesprochen, ohne dass wirklich immer neue Konzepte dahinter stehen.

Nachfolgend wird der Begriff Agil im Sinne von Vorgehensweisen und Frameworks für die Gestaltung von Organisationen betrachtet.

2.1 Hintergrund

Die gefühlte Komplexität nimmt rasant und massiv zu. Das alte Paradigma von *Command and Control* greift in der heutigen postindustriellen Welt, in der nicht mehr wie früher relativ einfache und statische Beziehungen herrschen, zu kurz.

Wollen Organisationen sich erfolgreich am Markt behaupten, müssen sie immer schneller immer größere Mengen an Informationen verarbeiten. Entscheidungen müssen schneller gefällt werden bei gleichzeitig immer unüberschaubareren Einflussfaktoren, mehr gegenseitigen Abhängigkeiten auf allen Ebenen und unklaren Ausgangssituationen. Die wenigen Entscheidungstragenden stellen

© Springer Fachmedien Wiesbaden GmbH 2018

E. Werro, *Gruppendynamische Aspekte agiler Frameworks,* essentials,

DOI 10.1007/978-3-658-19377-5_2

dabei einen Engpass dar. Wer aber nicht schnell zu entscheiden vermag, riskiert Gelegenheiten zu verpassen.

Als Ausweg aus diesem Dilemma werden seit einigen Jahren agile Vorgehensmodelle und Frameworks propagiert. *Agil* verspricht Flexibilität, schneller auf veränderte Marktanforderungen und Kundenwünsche reagieren zu können, Effizienzsteigerung, Transparenz, Ausrichtung auf die Kundschaft und direktere Entscheidungen durch Demokratisierung der Arbeit und Entscheidungen. Kurz alles Punkte, die im Umgang mit der Komplexität und dem Überleben in einer beschleunigten Wirtschaft hilfreich sind.

Laloux (2015, S. 19) geht sogar soweit, die Organisation neu erfinden zu wollen, da die gängigen traditionellen Organisationsmodelle ein zu enges Korsett darstellen. Die früheren Vorteile der traditionellen Organisationen, wie die kurz- und langfristige Planbarkeit und die Schaffung stabiler, wachstumsfähiger Organisationsstrukturen, sind heute hinderlich. Auf individueller Ebene erleben die Menschen in traditionellen Organisationen eine gewisse Ordnung und Vorhersehbarkeit – sie folgen der impliziten Vorstellung, dass es eine richtige Handlungsweise gibt und die Welt weitgehend unveränderlich ist.

Dabei geht oft vergessen, dass Organisationen primär aus Menschen bestehen und dadurch Nichtlinearität, Vernetztheit, Rückkoppelungs- und Kippeffekte dazugehören (vgl. Wüthrich et al. 2009, S. 67).

Laloux (2015, S. 31) verwendet zwar den Begriff *Agil* nicht, sondern spricht vom *postmodernen Organisationsparadigma*. Seine Beschreibungen dazu zeigen aber ähnliche Haltungen und Prinzipien, wie für agile Organisationen gelten. Denn gemäß Mathis (2016, S. 1) ist Agilität primär eine geistige Haltung und bedeutet einen Kulturwandel. Vor allem die Führung und die Entscheidungsbefugnisse werden neu sortiert, Wertströme müssen neu gestaltet werden.

Röpsdorff und Wiechmann (2012, S. 2) verstehen unter *Agil* primär Prinzipien und Werte. Nach diesen orientieren sich die Autoren auch bei der Implementierung von Scrum. Als *agile Werte* werden Commitment, Fokus, Offenheit, Respekt, Mut, Einfachheit, Kommunikation und Feedback genannt (vgl. Röpsdorff und Wiechmann 2012, S. 8 ff.; Sutherland und Schwaber 2016, S. 19). Als agile Prinzipien gelten: den Kunden zufrieden stellen, Änderungen willkommen heißen, häufige Auslieferung, crossfunktionale Zusammenarbeit, Unterstützung leisten und Vertrauen schenken, direkte persönliche Kommunikation, nachhaltige Geschwindigkeit, nach technischer Exzellenz streben, selbst organisiert agieren, überprüfen und anpassen (vgl. Röpsdorff und Wiechmann 2012, S. 13 ff.).

Aber sind diese agilen Prinzipien und vor allem die Werte wirklich so neu und innovativ, dass *Agil* deshalb viel besser ist?

2.2   Was macht *agil* besser?

Lässt sich anhand dieser Prinzipien und Werte der Hype um Agil erklären? Warum ist heute *Agil* so präsent und in aller Munde?

Scherber und Lang (2015, S. 35) sehen die Agilisierung als Wettbewerbsvorteil, indem sich die Reaktionsfähigkeit einer Organisation erhöht und sich die Kultur ändert. Insbesondere die Pflege einer Fehlerkultur ermögliche kontinuierliches Lernen und damit die Etablierung einer lernenden Organisation.

Ein zentraler Punkt scheint die Erkenntnis, dass bisher erfolgreiche Vorgehensweisen in Sackgassen führen, nicht mehr tauglich sind für die heutigen und künftigen Herausforderungen, denn so das von Krejci (vgl. https://www.zoe-online.org/meldungen/organisation-im-wandel) salopp formulierte *Ashbys Gesetz:* „Only complexity can kill complexity". Das bedeutet, dass nur mit einer gewissen Mindestvarietät adäquat auf Varietät reagiert werden kann. Ist die Varietät des Verhaltensrepertoires zu gering, kann das Problem nicht gelöst werden (vgl. Malik 2009, S. 31).

Einen Erfolgsfaktor sollen die selbstorganisierten Arbeitsteams – als stimmige, sich selber regulierende Systeme – spielen. Entsprechend nehmen diese im agilen Paradigma eine zentrale Rolle ein. Da sie selber komplexe Systeme darstellen (vgl. Ninck et al. 2001, S. 101), sind sie –ganz im Sinne von *Ashbys Gesetz* – entsprechend geeignet, der zunehmenden Komplexität zu begegnen.

Wimmer (1995, S. 26) charakterisiert komplexe Systeme folgendermaßen:

> Komplexe Systeme sind mithin nicht nur von ihrer Umwelt abhängig, sondern ebenso von sich selbst: von ihrer Vergangenheit, indem sie ihren inneren Zustand durch ihre ablaufenden Operationen verändern; und von ihrer Zukunft, sobald sie Erwartungen ausbilden können und über Erwartungen ihre gegenwärtigen Operationen beeinflussen lassen.

Ein bedeutender Punkt in *Agil* ist gemäß Mathis (2016, S. 117) die Teamleistung. Er betont, dass gute Zusammenarbeit im Team wesentlich ist. So soll sich das Team gegenseitig bei der Arbeit unterstützen, um die Fähigkeiten der Teammitglieder und die Stärken des Teams aktiv weiterzuentwickeln – nicht nur hinsichtlich der Sachthemen, sondern bezüglich der guten Beziehung der Teammitglieder untereinander. Eine solche vertrauensvolle Atmosphäre ist die Basis für Transparenz; die Sichtbarkeit der Arbeitsergebnisse ist Voraussetzung, um Qualität und Ziele erreichen zu können. Denn Fehler oder Störungen sollen gemeinsam bearbeitet und behoben, Wissen so geteilt werden.

Die gute Zusammenarbeit ist die Basis wie auch im Idealfall das Ergebnis der Selbstorganisation von Teams. Agile Organisationen delegieren Verantwortung und Entscheidungskompetenz in die Teams mit der Idee, durch die Autonomie der Teams zu schnelleren und durch das umfassendere Wissen der Gruppe zu qualitativ besseren Entscheidungen zu kommen. Das erfordert kurze Kommunikationswege innerhalb des Teams wie auch nach außen, denn eine Demokratisierung von Entscheidungen impliziert auch Demokratisierung von Wissen. Eine Autonomie bezüglich Arbeitsteilung und Detailentscheidungen ist für echte Selbstorganisation notwendig.

May (2011, S. 15) sieht die Vernetzung der einzelnen Mitglieder und der damit einhergehenden Erweiterung des Gesichtsfeldes als wesentlicher Vorteil einer Gruppe. Die divergierenden Blickwinkel ermöglichen, Sachverhalte umfassender zu erfassen und entsprechend vergrößert sich das Spektrum an Lösungen.

Nach Gloger und Margetich (2014, S. 10) ist ein Merkmal, mit dem sich das agile Paradigma hervorhebt, ein Nach-außen-gerichtet-Sein und die Kundschaft in den Mittelpunkt zu stellen; statt dauernd mit sich selber beschäftigt zu sein, für die Kundschaft einen *WOW-Effekt* zu schaffen. Dies soll sich durch die Priorisierung der aus Kundensicht wichtigsten Bestandteile eines Produktes oder einer Dienstleitung und durch den schrittweisen Ausbau der Ergebnisse gemäß den jeweils aktualisierten Anforderungen ergeben. Dahinter steht auch die Idee, dass sich erst mit der Nutzung eines Produktes Bedarf und Bedürfnisse vollumfänglich zeigen. Ziel dieses Vorgehens ist zu verhindern, viel Zeit und Geld in Funktionalitäten zu investieren, die nicht oder kaum gebraucht werden und damit den Aufwand nicht lohnen. Die Aufmerksamkeit gilt primär dem *Business Value.*

Wichtig ist aber auch zu sehen, dass *Agil* und Selbstorganisation keineswegs mit Anarchie gleichzusetzen ist und es auch im agilen Paradigma – abhängig vom konkreten Modell – jeweils ein Set von Regeln, Strukturen, Prozessen und definierten Rollen gibt. Aber wenn *Agil* ebenso Strukturen, Regeln und Prozesse festlegt – (wie) unterscheidet sich dann die agile von der traditionellen, hierarchischen Organisation? Dieser Frage wird im nächsten Abschnitt durch die Gegenüberstellung der beiden Organisationsparadigmen nachgegangen.

2.3   Unterschiede von agilem und traditionellem Organisationsparadigma

Über die ganze Zeitgeschichte des Menschen gesehen, sind die Organisationen wie wir sie heute kennen, ein junges Konstrukt. Es ist noch nicht lange her, dass sich Organisationen meist nicht über die Familie hinaus erstreckten. Mit der industriellen Revolution stieg der Bedarf an *menschlichen Ressourcen* und mit wachsender Anzahl von Menschen auch der Organisationsbedarf (vgl. Laloux 2015, S. 35).

Die evolutionäre Darstellung der Organisationsparadigmen auf dem Zeitstrahl dient dem einfacheren Verständnis und bezieht sich auf die Mehrheit der Unternehmungen sowie den allgemeinen Zeitgeist (Ninck et al. 2001, S. 22). In der Realität stehen aber zu einem gewissen Zeitpunkt unterschiedliche Organisationen an unterschiedlichen Punkten bezüglich ihrer organisatorischen Ausprägung. Die verschiedenen Organisationsparadigmen existieren bei genauerem Hinsehen nebeneinander (vgl. Laloux 2015, S. 36).

Traditionelle Organisationen repräsentieren als soziale Institution die klassische Hierarchie, mit mechanistisch ihrem linearen Ursache-Wirkung-Denken. Stabilität und Verbindlichkeit steigen mit klaren, einfachen und ausdefinierten Abläufen (vgl. Wimmer 1995, S. 155).

Solche stabilen Organisationsstrukturen ermöglichten eine kurz- und langfristige Planung und damit die Möglichkeit, wachsen zu können. Die zentralen Elemente dabei sind Prozesse, welche Erfahrungen aus der Vergangenheit in der Zukunft abbildbar machen und definierte Hierarchien, welche pyramidenförmig die formellen, kaskadenförmigen Kommunikationswege von den Mächtigen zu den Untergebenen abbilden. Das heißt auch, dass das Denken und Planen an der Spitze der Pyramide von der Ausführung und dem Tun auf den unteren Ebenen strikt getrennt wird, mit der Konsequenz, dass um Resultate zu erzielen Anweisung und Kontrolle von oben notwendig sind. Wissen und Informationen werden nur partiell geteilt (vgl. Laloux 2015, S. 19 ff.).

Moderne Organisationen weichen zwar die starren hierarchischen Aufteilungen auf, indem sie für bereichsübergreifende Prozesse, Projekte mit virtuellen Teams und Programme die Grenzen auch für Entscheidungen öffnen, behalten aber die Pyramide – wenn auch oft in flacherer Form – als Grundstruktur bei (vgl. Laloux 2015, S. 25).

Auch moderne Organisationen sind noch von einem aus der Industrialisierung stammenden, mechanistischen Weltbild geprägt, welches die Funktionsweise einer Organisation der von Maschinen gleichsetzt, was sich auch sprachlich niederschlägt. So wird von *Reengineering* der Organisation oder von Prozessen gesprochen, es muss *auf die Bremse getreten werden,* Abteilungen müssen *wie Zahnräder ineinandergreifen* (vgl. Laloux 2015, S. 28). Und auch Promoter von Scrum wie Mathis scheinen noch davon beeinflusst: Er spricht davon, dass Wissensarbeiter unter gewissen Bedingungen am besten *funktionieren* (vgl. Mathis 2016, S. 119). Die Sprache verrät noch die Wurzeln der alten Denkweisen.

Als agile Organisationen werden jene verstanden, die anstelle der starren, hierarchisch geprägten Denk- und Vorgehensweise mit dem Abbau von hierarchischen Strukturen ihre Entscheidungskompetenzen verteilen. Wo die Rolle der Informations- und Entscheidungstragenden von den Ausführenden, streng entlang des Organigramms separiert waren, ist das Ziel agiler Organisationen, diese Rollen in einem selbstorganisierten Team zu vereinen. So soll schneller und immer mit dem Kundennutzen im Fokus auf sich ändernde Anforderungen reagiert werden können. In agilen Organisationen ist also die Selbstorganisation von Teams zentral – nicht als Selbstzweck, sondern ausgerichtet auf das Ziel, bessere und schnellere Ergebnisse zu liefern. Agile, selbstorganisierte Gruppen sind weitgehend selbstverantwortlich – sowohl auf der Sachebene für die operative, eigentliche Leitungserbringung, wie auch auf der Metaebene – ihre Leistungsfähigkeit herzustellen und zu erhalten.

Eine gelingende Selbstorganisation setzt die Fähigkeit zur Selbstbeobachtung und Selbstreflexion voraus. In festen, sich wenig ändernden Strukturen, Normen und Standards, wie es in traditionellen Organisationen der Fall ist, ist die Selbstorganisation weitgehend formalisiert und damit stark limitiert (vgl. Wimmer 1995, S. 165), da die Teams durch eine übergeordnete Instanz kontrolliert und wo nötig korrigiert werden. Entsprechend sind in traditionellen Organisationen diese Fähigkeiten nicht so essenziell wie in einem agilen Umfeld.

Moderne Organisationen versuchen, das Know-how in Prozessen abzubilden und zu verankern, um auf diesem Weg hinsichtlich Wissen eine Personenunabhängigkeit zu erreichen; agile Organisationen hingegen zielen darauf ab, Wissen unabhängig von einzelnen Menschen zu machen, indem sie es zwar bei den Personen belassen, es aber in der Gruppe geteilt und so auf ein ganzes Team verteilt, verankert und konsolidiert wird. Der Vorteil dieses Vorgehens liegt darin, dass Wissen schneller und v. a. auch implizites Wissen zugänglich gemacht wird. Das unterstützt auch das agile Prinzip, operative Entscheide durch die Teams, die näher am täglichen Geschäft und am Ort des Geschehens sind, zu fällen und nicht mehr ausschließlich an der Spitze, weit entfernt von der Basis.

Aber es gibt auch Gemeinsamkeiten: wie in traditionellen Organisationen finden wir im agilen Paradigma jeweils ein Regelwerk mit definierten Strukturen. Die pyramidenförmige Aufbauorganisation wird jedoch abhängig vom Modell mehr oder weniger aufgeweicht, abgeflacht oder wie z. B. in der Holokratie durch Kreise ersetzt. Insgesamt werden aber, ebenso wie in klassischen Organisationen, Strukturen, Prozesse und Rollen definiert – nur eben solche, die die Schnelligkeit des Informationsflusses und die Veränderung unterstützen sollen.

2.4 Scrum

Scrum unterteilt nicht den Prozess, sondern das Produkt [...] (Gloger und Margetich 2014, S. 57).

Scrum, als Framework resp. Rahmenwerk, fokussiert sich also mehr auf das Produkt als auf den Erstellungsprozess. Es basiert auf der Theorie empirischer Prozesssteuerung, welche durch die drei Säulen *Transparenz, Überprüfung* und *Anpassung* getragen wird und kann für ganze Bereiche oder Unternehmen skaliert und adaptiert werden (vgl. Sutherland und Schwaber 2016, S. 3 f.).

Scrum geht davon aus, dass Menschen grundsätzlich interessiert sind, Dinge zu verbessern. Dass sie Ideen einbringen und Neues entwickeln möchten und – von einer Vision fasziniert – freiwillig Leistung bringen, sich einsetzen und sich den Zielen verpflichtet sehen. Sie sind also nicht einfach Befehlsempfangende, welche angetrieben und überwacht werden müssen. Dieses Menschenbild erfordert aber konsequent umgesetzt auch eine andere Organisationsform (vgl. Gloger und Margetich 2014, S. 57).

Jeff Sutherland, einer der Väter von Scrum, beschreibt in „Takeuchi and Nonaka: The Roots of Scrum" (https://www.scruminc.com/takeuchi-and-nonaka-roots-of-scrum) die Wurzeln des Modells und dass Scrum nicht primär mit Softwareentwicklung zu tun hat, sondern vielmehr mit Führungs- und Wissenskultur und damit für ganze Unternehmungen gedacht ist. Er formuliert, dass der Artikel „The New New Product Development Game" (https://hbr.org/1986/01/the-new-new-product-development-game) von Takeuchi und Nonaka – beide Professoren der Wirtschaftswissenschaften – direkten Einfluss auf die Gestaltung von Scrum hatte. 1995 veröffentliche Ken Schwaber an der jährlich stattfindenden Forschungskonferenz OOPSLA (Object-Oriented Programming, Systems, Languages & Applications) den ersten Konferenzbeitrag über Scrum (https://issuu.com/addinquy/docs/scrum_oopsla_95) und mit „Agile software development with scrum" veröffentlichte Ken Schwaber zusammen mit Mike Beedle 2001 das erste Buch über Scrum. Aus dem gleichen Jahr stammt das „Agile Manifest", welches von Koryphäen aus dem Umfeld der Softwareentwicklung – darunter auch Jeff Sutherland und Ken Schwaber – definiert und publiziert wurde. Das *Agile Manifest* (http://agilemanifesto.org/iso/de/manifesto.html) definiert kein spezifisches Modell, sondern zwölf Prinzipien, welche auf den folgenden Eckpfeilern beruhen:

Wir erschließen bessere Wege, Software zu entwickeln, indem wir es selbst tun und anderen dabei helfen. Durch diese Tätigkeit haben wir diese Werte zu schätzen gelernt:

- Individuen und Interaktionen mehr als Prozesse und Werkzeuge
- Funktionierende Software mehr als umfassende Dokumentation
- Zusammenarbeit mit dem Kunden mehr als Vertragsverhandlung
- Reagieren auf Veränderung mehr als das Befolgen eines Plans

Das heißt, obwohl wir die Werte auf der rechten Seite wichtig finden, schätzen wir die Werte auf der linken Seite höher ein.

Der Scrum Guide – in der ersten Version von Scrum Alliance© und in der Folge dann von Ken Schwaber und Jeff Sutherland publiziert – definiert Rollen, Ereignisse und Artefakte von Scrum, die auf den Prinzipien des *Agilen Manifests* beruhen. Alle in der Literatur beschriebenen Elemente von Scrum und deren Anwendung beruhen auf dem *Scrum Guide,* der im Internet (http://www.scrum-guides.org/) in über 30 Sprachen übersetzt, frei zur Verfügung steht. Die folgenden Beschreibungen der Rollen, Ereignisse und Artefakte, haben entsprechend allesamt den *Scrum Guide* (vgl. Sutherland und Schwaber 2016) als Quelle. Da darin in der deutschen Version gewisse englische Bezeichnungen beibehalten werden, kommt es zu einer Mischung von deutschen und englischen Namensgebungen, welche der Verständlichkeit halber entsprechend der Quelle beibehalten werden. Ebenso verhält es sich mit den Rollen, welche in der deutschen Übersetzung des Scrum Guide nicht genderneutral, sondern ausschließlich in männlicher Form abgefasst sind.

Scrum rühmt die Einfachheit der Methode und dass sich das gesamte Framework auf einem Bierdeckel abbilden lässt. Nachfolgend einen kurzen Überblick über die Strukturelemente:

2.4.1 Rollen

In Scrum gibt es nur drei Rollen: *Product Owner, Scrum Master* und *Entwicklungsteam.* Scrum kennt keine weiteren Rollen. Das *Scrum Team* besteht aus je einer Person in den Rollen *Product Owner* und *Scrum Master* sowie Personen als Teil des *Entwicklungsteams* (vgl. Sutherland und Schwaber 2016, S. 6).

Product Owner trägt die alleinige Verantwortung für die Kosten und Funktionalität der Ergebnisse und fungiert als Schnittstelle zwischen allen internen und externen Anspruchsgruppen.

Die Rolle repräsentiert den Kunden und Nutzer, respektive deren Bedürfnisse und Anforderungen an das Produkt – von der Produktvision bis zur konkreten Erstellung. Die Person muss in dieser Rolle den Markt und die Konkurrenzsituation kennen, denn sie definiert sowohl die Eigenschaften des zu entwickelnden Produktes, wie auch die Priorität der verschiedenen Produktausprägungen. Sie hat die Macht, Inhalt und Priorität zu bestimmen – Definition und zeitliches Vorgehen sind verbindlich. Das Ziel richtet sich nach dem maximalen wirtschaftlichen Nutzen für die Unternehmung. Die Vielseitigkeit der Rolle fordert einem *Product Owner* viele Talente und Qualitäten ab.

Scrum Master ist eine Rolle, die sich weniger mit dem Inhalt auf der Sach- resp. Produktebene auseinandersetzt, sondern eher eine Mischung zwischen Methodiker, Prozessbegleitung und Problemlöser ist. Eine Hauptaufgabe dieser Rolle ist der korrekte Einsatz von Scrum – entsprechend den im *Scrum Guide* (vgl. Sutherland und Schwaber 2016) definierten Spielregeln – sicherzustellen. Sie muss Scrum dem Team, wie auch der ganzen Organisation nahe bringen und die agilen Werte und Prinzipien über alle Managementebenen hinweg vertreten und verankern. Das kann über Schulungen sowie über Begleitung und Coaching von Führungskräften oder involvierten Personen geschehen. Sie unterstützt die Rolle des Product Owner mit Methoden und Techniken und fungiert für das Entwicklerteam als Enabler auf dem Weg zur Selbstorganisation und zu crossfunktionalem Handeln (vgl. Röpstorff und Wiechmann 2012, S. 44 ff.).

Höchste Priorität der Rolle besitzt das Beseitigen von Hindernissen, welche das Entwicklungsteam in seiner Effizienz und Effektivität behindern und damit Ergebnisse oder Termine gefährden. Damit sind sowohl teaminterne Hindernisse als auch solche außerhalb der Gruppe liegenden *Impediments* gemeint (vgl. Röpstorff und Wiechmann 2012, S. 49).

Das **Entwicklungsteam** ist crossfunktional d. h. meist aus unterschiedlichen Spezialisten zusammengesetzt mit der Absicht, das ganze erforderliche Wissen und Können sowie die fachliche Entscheidungskompetenz innerhalb des Teams vorzuhalten, um regelmäßig verwendbare Produktteile erstellen und ausliefern zu können. Die Teamgröße in Scrum besteht idealerweise aus drei bis neun Personen. Gemäß der Definition des Scrum Guide gibt es für Mitglieder des Entwicklungsteams keine Funktionsbezeichnungen außer *Entwickler* (Anmerkung der Autorin: Die deutsche Übersetzung des Scrum Guide enthält keine weibliche Rollendefinitionen.). Das gilt ausnahmslos, unabhängig von der Arbeit, welche diese Personen erledigen. Die Idee dahinter ist, dass jedes Teammitglied gleich wichtig ist und letztlich jeder fähig sein soll, alle Aufgaben des Teams zu erledigen (vgl. Röpstorff und Wiechmann 2012, S. 32 f.).

2.4.2 Artefakte

Mit Artefakte sind sowohl Dokumentationen gemeint, welche die Transparenz über die anstehende und geleistete Arbeit erhöhen sollen, wie auch die Teilergebnisse aus den Sprints selbst.

In Scrum gibt es drei Artefakte: das *Product Backlog*, das *Sprint Backlog* und das *Inkrement* (vgl. Sutherland und Schwaber 2016, S. 14 ff.).

Das **Product Backlog** ist eine priorisierte Liste von Anforderungen an Eigenschaften und Funktionsweisen des Produkts. Das *Product Backlog* entwickelt sich parallel zum Produkt weiter. Der Detaillierungsgrad der enthaltenen Einträge ist sehr unterschiedlich. Da die Entwicklungsteams – und es können mehrere Teams an einem Product Backlog arbeiten – die Liste von oben nach unten abarbeiten, ist die Liste entsprechend der Priorisierung sortiert: Je höher die Priorität, desto weiter oben steht der Eintrag in der Liste, umso detaillierter muss aber auch die Beschreibung der Anforderung sein. Für den Inhalt und die Reihenfolge der Einträge ist die Rolle des *Product Owner* verantwortlich (vgl. ebd.).

Das **Sprint Backlog** beinhaltet die Menge der für den Sprint ausgewählten Product Backlog-Einträge und einen Plan. Letzterer legt fest, mit welchen Schritten das Produktinkrement erstellt und das Sprintziel erreicht werden soll. Er ist soweit detailliert, dass der Fortschritt innerhalb des Sprints, die Restarbeit und die Wahrscheinlichkeit das Sprintziel zu erreichen, durch das Entwicklungsteam verfolgt und abgeschätzt werden kann. Das Entwicklungsteam führt das Sprint Backlog laufend nach und schafft so Transparenz über den Stand und den Fortschritt der Arbeit (vgl. ebd., S. 15).

Das **Inkrement** ist das sich laufend weiterentwickelnde Produkt: das Ergebnis aus allen früheren Sprints. Ein wichtiger Aspekt ist die Verwendbarkeit des Inkrements – es muss in einem nutzbaren und einsatzfähigen Zustand sein, unabhängig davon, ob der Product Owner es nach einem Sprint zur Verwendung freigibt oder nicht (vgl. ebd., S. 16).

2.4.3 Ereignisse

In Scrum gibt es fünf Ereignisse, wobei Ereignisse für eindeutig definierte Aktivitäten – meist Sitzungen – stehen. Diese sind klar definiert in Bezug auf Teilnehmerkreis, Häufigkeit und maximale Dauer, auch *Time Box* genannt. Diese *Time Box* soll bewirken, dass sich alle auf die konkreten Probleme fokussieren, ohne unnötig ins Detail zu gehen (vgl. ebd.). Allerdings ist es in der Realität schwierig zu konkretisieren, wann was genau *unnötig* heißt, da das auch von der jeweiligen Perspektive abhängt.

Scrum unterteilt das Produkt in maximal vierwöchige Einzelschritte, in die **Sprints.** Während eines *Sprints* wird ein nutzbarer Teil des Produktes hergestellt. In der Aneinanderreihung von *Sprints* wird das Produkt iterativ weiterentwickelt und verfeinert. Dieses Vorgehen ermöglicht, das Produkt nicht schon zu Beginn abschließend definieren zu müssen, sondern auf veränderte Markt- und Kundenanforderungen reagieren zu können (vgl. ebd., S. 8).

Im **Sprint Planning** wird der Inhalt des folgenden *Sprints* geplant und ist auf eine Dauer von maximal acht Stunden beschränkt. Erstellt wird dieser Plan als gemeinschaftliche Arbeit des gesamten Scrum Teams. Zwei Fragen sind dabei zu beantworten (vgl. ebd., S. 9):

- Was kann im *Sprint* erstellt werden?

Basierend auf dem *Product Backlog,* dem bisher erstellen Produkt und der Kapazität des Entwicklungsteams werden die Product Backlog-Einträge für den kommenden Sprint ausgewählt und damit das Sprintziel definiert (vgl. ebd.).

- Wie können die gewählten Arbeiten erledigt werden?

Das Entwicklungsteam definiert, welche Arbeiten zur Erstellung des funktionsfähigen Produktinkrements notwendig sind, indem es die Product Backlog-Einträge in weitere Teilschritte zerlegt. Das Entwicklungsteam organisiert selbst, wie es die Arbeiten angeht und zum Produktinkrement gelangen will (vgl. ebd.).

Das **Daily Scrum** hat eine *Time Box* von 15 Minuten und findet täglich statt – vorzugsweise zur gleichen Zeit. In dieser Zeit überprüft das Entwicklungsteam seine Arbeit und den Fortschritt der letzten 24 h und kann die Tätigkeiten für die nächsten 24 h planen und abstimmen. Für Mitglieder des *Entwicklungsteams* ist das Meeting obligatorisch, *Product Owner* und *Scrum Master* nehmen bei Bedarf daran teil (vgl. ebd., S. 11).

Der **Sprint Review** steht am Ende eines jeden Sprints und hat eine *Time Box* von maximal vier Stunden, während derer das ganze *Scrum Team* gemeinsam mit den Stakeholdern die Ergebnisse überprüft. Dabei handelt es sich nicht um einen Statusreport, sondern um einen Dialog. Eine Vorführung des Produktinkrements hilft dem Kunden oft, seine Erwartungen zu präzisieren und weiter auszuformulieren, was wiederum Eingang in das *Product Backlog* findet. Es dient dem Entwicklungsteam auch dazu, während des Sprints aufgetauchte Probleme zu benennen und zu erörtern, wie sie gelöst worden sind (vgl. ebd., S. 12).

Die **Sprint Retrospektive** findet im Prozess nach dem *Sprint Review* und vor dem nächsten *Sprint* statt und ist zeitlich auf maximal drei Stunden limitiert. In dieser Zeit soll das Entwicklungsteam reflektieren, wie der vergangene Sprint bezüglich der involvierten Personen und deren Beziehungen sowie bezüglich Prozesse und Werkzeuge verlaufen ist mit dem Ziel, konkrete Verbesserungen zu identifizieren und einen Umsetzungsplan zu erarbeiten (vgl. ebd., S. 13).

2.5 Erstes Zwischenfazit

Egal, welches agile Framework oder Modell betrachtet wird, es geht um das Menschenbild, Werte und Haltung. Entsprechend kann *Agil* auch nicht zwingend an einer Organisationsform festgemacht werden. Gemäß Röpstorff und Wiechmann (2012, S. 7) ist *Agil* eine Haltung, die durch das tägliche Lernen in der praktischen Arbeit mit anderen Personen gebildet wird. Damit wird impliziert, dass sich das soziale Lernen in der täglichen Arbeit automatisch ergibt. Ferner postulieren Röpstorff und Wiechmann (2012, S. 27), dass Scrum Probleme und Handlungsfelder sichtbar macht und das Streben nach laufender Verbesserung fördert.

Insgesamt ein hoher Anspruch an ein Framework mit lediglich einer zugeschriebenen Haltung und einigen Strukturelementen.

Scrum macht keine Aussagen über größere organisatorische Zusammenhänge oder über die konkrete Einbettung der Teams und begründet das dahin gehend, dass es so ohne Veränderung in der jeweiligen Organisation implementiert werden kann. Das *Entwicklungsteam* selber wird formal nicht strukturiert; damit stellen sich mannigfaltige Anforderungen an die Selbstorganisation der Gruppe und damit auch an die Rolle des *Scrum Masters*. Diese ist zentraler und wichtiger als auf den ersten Blick erkennbar, denn ihr fällt die Verantwortung zu, das Team zu einer arbeitsfähigen und produktiven Gruppe zu entwickeln, die korrekte Anwendung von Scrum sicherzustellen sowie Scrum in der Organisation zu verbreiten und zu verankern (vgl. Sutherland und Schwaber 2016). Das wie lässt Scrum aber gänzlich offen und gibt auch keine weiteren Hinweise zu möglichen Methoden, Werkzeugen oder Disziplinen wie Gruppendynamik. Angesichts der Integrationsleistung, welche ein Scrum Masters leisten muss, sind sogenannt weiche Faktoren wie emotionale Intelligenz, soziale oder gruppendynamische Kompetenzen ein kritischer Erfolgsfaktor für einen gelungenen Praxistransfer.

Ein Framework, das Werte wie Mut, Offenheit, Kommunikation und Feedback in den Mittelpunkt stellt, jedoch keine Aussagen macht zu Emotionen oder zu Menschen, die vielleicht doch nicht dem (geforderten) Menschenbild und den Werten entsprechen, lässt (zu) viel offen.

Auch von Mathis (2016, S. 119) vorgeschlagene Metriken um die Arbeiten eines agilen Teams zu „verbessern und positive Gewohnheiten zu verstärken", wie z. B. *Anteil ungeplanter Arbeiten, Anzahl Fehler im Produktivcode* oder *Statische Codeanalysen,* muten sehr mechanistisch an. Ungelöste Konflikte im Team können sich letztlich durchaus auf der Sachebene niederschlagen und über die genannten Metriken erkennbar werden. Wenn aber die Ursachen auf der Beziehungs- und Interaktionsebene des Teams liegen, sind diese Indikatoren nicht optimal, denn sie zeigen sich erst zeitlich verzögert und können irreführend sein. Wenn ausschließlich auf solchen Metriken abgestützt wird, besteht das Risiko, das Problem an der Stelle lösen zu wollen, wo es auftaucht – also das Symptom statt die Ursache zu beheben. Dieses Vorgehen erinnert an die Metapher, in welcher ein Betrunkener bei Dunkelheit seinen zuvor verlorenen Schlüssel nicht dort sucht, wo er ihn verloren hat, sondern im hellen Schein der Laterne.

Als weiteren kritischen Punkt in Scrum kann der Versuch der Nivellierung des Entwicklungsteams gesehen werden, dass unterschiedliche Rollen bewusst nicht differenziert werden, obwohl das Team ja explizit aus Personen aus verschiedenen Disziplinen zusammengesetzt werden muss, um über die notwendigen fachlichen Kompetenzen zu verfügen. Aber gemäß Laloux (2015, S. 32) hat sich „extremer Egalitarismus als Sackgasse erwiesen". Der Leitgedanke, dass jedes Teammitglied gleich wichtig ist und letztlich jeder disziplinübergreifend alles machen können soll (vgl. Röpstorff und Wiechmann 2012, S. 32 f.) ist nachvollziehbar. Angesichts der zunehmenden Spezialisierung des Einzelnen, was ja mit ein gewichtiger Grund ist, solche crossfunktionalen Teams zu bilden, mutet das aber realitätsfremd oder vorgeschoben an und erscheint vielmehr als Versuch, das Thema Macht auszuklammern. Doch die Macht ist immer in irgendeiner Form da, wenn auch nur versteckt und nicht formalisiert, denn „Wir können uns die Macht nicht einfach wegwünschen" (Laloux 2015, S. 32). Näher erläutert wird das Thema Macht nochmals im Kapitel zur Gruppendynamik als eine Dimension im *gruppendynamischen Raum.* Zuvor jedoch einen kurzen allgemeinen Abriss über die Gruppendynamik.

Gruppendynamik 3

Die Gruppendynamik ist sowohl Forschungs- wie auch Anwendungsgebiet der Sozialpsychologie und obwohl die Anfänge der modernen Psychologie meist in Europa verortet werden, erreichte die Gruppendynamik den Status einer selbstständigen Disziplin zuerst in den USA (vgl. Rechtien 2007, S. 10).

Geschichtlich betrachtet, fallen die Anfänge der Gruppendynamik als Teilbereich der Sozialpsychologie in den USA in eine Zeit, in der sich die wirtschaftliche Depression und der Krieg dem Ende zuneigten und sich eine gewisse Aufbruchsstimmung breitmachte. Als prägend für die Entstehung und Entwicklung der Gruppendynamik werden vor allem der Sozialpsychologe Kurt Lewin (1890–1947), welcher in der damaligen westpreußischen Provinz Posen geboren wurde, und der Psychiater Jacov Levi Moreno (1889–1974), der in Bukarest zur Welt kam, genannt. Vor dem historischen Hintergrund des aufkommenden Nationalsozialismus und als Söhne jüdischer Eltern emigrierten Moreno 1925 und Lewin 1933 in die USA. Ihre wissenschaftliche und praktische Arbeit schuf viele Elemente, welche später als Voraussetzungen und Grundlagen in die Gruppendynamik Eingang fanden (vgl. ebd., S. 11; König und Schattendorfer 2012, S. 10 ff.).

Im Laufe der Zeit von der Entstehung bis heute flossen Methoden, Anregungen und Ideen aus verwandten Disziplinen wie zum Beispiel aus der angewandten Psychologie, der Psychotherapie, Pädagogik etc. in die Gruppendynamik ein und prägten sie mit.

In der aktuellen Literatur zur Sozialpsychologie und Gruppendynamik steht der Begriff *Gruppendynamik* für mindestens drei unterschiedliche Bedeutungen:

© Springer Fachmedien Wiesbaden GmbH 2018

E. Werro, *Gruppendynamische Aspekte agiler Frameworks,* essentials,

DOI 10.1007/978-3-658-19377-5_3 17

1. Er bezeichnet *das Geschehen in Gruppen,* die Dynamik von Veränderungen und Kontinuität, mit anderen Worten: das Kräftespiel einer Gruppe.
2. Er bezeichnet *die wissenschaftliche Erforschung* solcher Prozesse in kleinen Gruppen, also Gruppendynamik als eine Disziplin innerhalb der Sozialwissenschaften.
3. Darüber hinaus wird mit Gruppendynamik *ein Verfahren sozialen Lernens* bezeichnet, das bei Erwachsenen soziale Lernprozesse und Verhaltensänderungen anstoßen soll (König und Schattendorfer 2012, S. 12 f., kursiv im Original).

In der Praxis überschneiden sich die drei Bedeutungen und lassen sich oft nicht klar und eindeutig trennen. Ein Grund mag der gemäß Scherm (1998, S. 64) gemeinsame Nenner aller gruppendynamischen Ansätze sein, das Geschehen in Gruppen als veränderlich zu betrachten und dass sowohl die Gruppensituation auf das Individuum wirkt, wie ebenso umgekehrt, das Individuum die in einer Gruppe ablaufenden Prozesse beeinflusst. Ein weiterer Grund ist gemäß König (1997, S. 12):

> In einer reflektierten gruppendynamischen Praxis kommen im besten Fall alle drei Ebenen vor, ein allgemeiner theoretischer Hintergrund, daraus entwickelte Anwendungstheorien und Praxiskonzepte und die (kritische) Reflexion des Geschehens im "Hier und Jetzt", [...].

Die Gruppendynamik unterscheidet zwischen Gross- und Kleingruppen. Den Unterschied machen Freimuth und Schütte (2006, S. 52) abgesehen von der Anzahl Personen daran fest, dass Kleingruppen uns ein Gefühl von Überschaubarkeit und kontrollierbarer Nähe vermitteln, die in großen Gruppen verloren geht.

Da die ideale Größe des Entwicklungsteams in Scrum mit 3 bis 9 Personen angegeben wird, handelt es sich dabei aus gruppendynamischer Perspektive um eine Kleingruppe, welche gemäß Literatur durch die folgenden wesentlichen Kleingruppenmerkmale geprägt ist (vgl. König und Schattendorfer 2012, S. 15; Rechtien 2007, S. 14; Wellhöfer 1993, S. 7):

- Anzahl der Mitglieder (im Minium 3 Personen, da erst bei dieser Anzahl die Möglichkeit besteht, Untergruppen zu bilden); bei über 20 Personen spricht man von Großgruppen
- Auf eine gemeinsame Aufgabe oder ein Ziel ausgerichtete soziale Interaktion
- Verhaltensintegrierendes Rollensystem mit aufeinander bezogenen Rollen, mit denen die Einzelaktivitäten geordnet und geführt werden
- Die Möglichkeit der direkten Kommunikation

- Gemeinsames System von Normen, Werten und Zielen als Basis aller Gruppenprozesse
- Wechselseitige (Teil-)Abhängigkeit der Mitglieder in der Erreichung des Gruppenziels – Wirkung des sozialen Kraftfeldes
- Gefühl der Gruppenzugehörigkeit – Wir-Gefühl
- Zeitliche Dauer

Der Fokus liegt in diesem Buch primär darauf, die gruppendynamischen Aspekte von Gruppen in einem speziellen organisationalen Kontext zu betrachten. Demnach beschränkt sich der betrachtete Ausschnitt auf die Gruppendynamik auf Arbeits- oder Projektgruppen, die im Rahmen von Organisationseinheiten innerhalb von Firmen, eine Marktleistung liefern müssen. Dafür ist die Arbeitsfähigkeit einer Gruppe – im organisationalen Umfeld oft eher als Team bezeichnet – relevant. Umgangssprachlich werden die beiden Begriffe oft nicht scharf abgegrenzt. In der Regel wird ein Team als eine spezielle Form einer Gruppe verstanden, Menschen mit bestimmten Fachkompetenzen, die zusammen auf ein gemeinsames Ziel hin arbeiten. Die allgemeine Formulierung, die sich als Definition von *Team* im Duden findet, wird durch die oben beschriebenen Merkmale einer Kleingruppe präzisiert und bildet keinen Widerspruch.

Andere Quellen wie z. B. https://organisationsberatung.net/unterschied-gruppe-team machen den Unterschied eines Teams gegenüber einer Gruppe an der Beteiligung der Mitglieder in Entscheidungsabläufen, an der Fähigkeit, mit Konflikten produktiv umzugehen, an einer gemeinsamen Aufgabe und am Selbstverständnis als Arbeitseinheit fest.

Die Wirtschaftspsychologischen Gesellschaft Deutschland deklariert als weiteren Unterschied, dass Teams künstlich um eine Aufgabe herum geschaffene Gruppen sind, deren Ziel das Lösen von Aufgaben ist (http://www.wpgs.de/content/view/529/366).

Gemeinsam ist den Aussagen die starke aufgabenbezogene Ausrichtung von Teams. Vielleicht wird auch deshalb im beruflichen Kontext weniger von Gruppe, sondern eher von Team und in der Folge von Teamentwicklung, Teamgeist etc. gesprochen.

Da sich das Verständnis von Gruppe in der Gruppendynamik bezogen auf die hier betrachteten Kernpunkte nicht grundlegend von dem unterscheidet, was gemeinhin unter Team verstanden wird, umgangssprachlich Team als Spezialform der Gruppe verstanden wird und Erkenntnisse der Gruppendynamik bezüglich Gesetzmäßigkeiten in Gruppen sinngemäß auch für Teams gelten, spielt die Differenzierung im Kontext von Scrum- und Entwicklungsteams keine Rolle. Entsprechend werden hier die beiden Begriffe als Synonym verwendet.

3.1 Ziel und Zweck der Gruppendynamik

Überall dort, wo Menschen in Gruppen zusammen sind, gibt es Kommunikation, Interaktion, die Dynamik einer Gruppenentwicklung und Gruppenstabilisierung und Phänomene, die von dieser Dynamik beeinflusst werden. Aus dieser Präsenz der Gruppendynamik folgt auch, dass der Umgang mit ihr und den von ihr berührten Prozessen Gegenstand der Reflexion und sowohl Gegenstand als auch Anlass und Raum von gezielten oder ungezielten Lernprozessen sein kann. Mit anderen Worten: Jeder zwischenmenschliche Bereich, in dem sich Gruppendynamik vollzieht, ist per se auch potentieller Zielbereich angewandter Gruppendynamik (Rechtien 2007, S. 91).

Wir bewegen uns also tagtäglich in Gruppen und Gruppen von Gruppen wie beispielsweise in Vereinen, in Projektteams oder Interessensgruppen, um nur einige zu nennen. Dabei nehmen wir flexibel und oft, ohne genauer darüber nachzudenken, die verschiedensten Rollen ein und treten mit anderen Personen, die ihrerseits auch wieder in unterschiedlichen Rollen unterwegs sind, in Beziehung – oder auch nicht, wobei auch das Nicht-in-Beziehung-Treten ebenfalls seine Wirkung hat. Meist können kleinere Unstimmigkeiten ignoriert oder zugunsten der zu bearbeitenden Sache beiseitegeschoben werden. Erst wenn *Sand im Getriebe* ist, es nicht mehr reibungslos läuft oder Fortschritt und Erfolg ausbleiben, werden wir uns (im besten Fall) dieser Umstände gewahr. Kann da Wissen um die Gruppendynamik helfen?

Entsprechend den unterschiedlichen Bedeutungen von *Gruppendynamik* sind auch die Ziele und der Zweck breit gefächert. Je nach Anwendungsgebiet gibt es spezifischere Vorstellungen von dem, was die Gruppendynamik leisten soll. Potenzielle Nutzer zeigen ein breites Spektrum an Wünschen, Erwartungen und Zielen an die Ergebnisse und Erkenntnisse. Sie gehen von der Optimierung betrieblicher Arbeits- und Kooperationsprozesse, Verbesserung der zwischenmenschlichen Durchsetzungsfähigkeit über Befriedigung von Kontakt- und Erlebniswünschen und Selbsterfahrung bis hin zu Zielsetzungen, die eines psychotherapeutischen Settings bedürften (vgl. Rechtien 2007, S. 3).

Die Gruppendynamik mit ihren Zielen und Einsatzbereichen ist also ein weites Feld und muss für die aktuelle Betrachtung auf einen kleinen Ausschnitt begrenzt werden. Dieser dreht sich v. a. um die (Selbst-)Erforschung der Gruppe (vgl. Rechtien 2007, S. 13), welche im Rahmen von gruppendynamischen Seminaren in Trainingsgruppen (in der Gruppendynamik kurz T-Gruppe genannt) geschult werden.

3.2   Gruppendynamische Grundprinzipien und Modelle

3.2.1   Gruppenprozess

Gruppen sind nicht einfach. Das gilt im doppelten Sinn:

- Gruppen sind Gebilde, deren Komplexität mit zunehmenden Gruppenmitgliedern exponentiell ansteigt, da auch die Anzahl der möglichen Verbindungen entsprechend wächst.
- Gruppen sind nicht statisch, sind nicht einmal definiert und bleiben dann so. Gruppen entwickeln sich. Heintel und Krainz (2015, S. 80) bezeichnen die Gruppe als einen „[...] höchst komplizierter „Sozialkörper", in dem ständig irgendwelche Lebensprozesse ablaufen und sich ineinander verschränken".

In unterschiedlichen Modellen wird von verschiedenen Reifegraden einer Gruppe gesprochen und der Entwicklungsprozess auf einen linearen Zeitstrahl gelegt. Eines der bekannteren ist das von Tuckman mit den Phasen „Forming, Storming, Norming, Performing" (vgl. Geramanis 2016, S. 113; Kreher 2011, S. 7 ff.; Rechtien 2007, S. 120). Die Realität zeichnet ein anderes Bild, hängt doch die Art und Weise, wie sich eine Gruppe entwickelt, stark vom Umfeld, ihren Mitgliedern und ihren Aufgaben und Zielen ab. Darum ist es wichtig, diese Abfolge nicht als festen, gesicherten Ablauf zu verstehen, sondern lediglich als eine Orientierungshilfe.

Eine weitere Perspektive, um auf Gruppenprozesse zu schauen, ist die Entwicklung von Integration und Differenzierung, inwieweit eine Gruppe das Pendeln zwischen den beiden Polen zulässt und aushalten kann; denn nicht die Gruppe mit der größten Kohäsion und Übereinstimmung bringt zwingend auch die besten Resultate hervor. Auch wenn Differenzierung eine Gruppe in ihrem Bestehen und in ihrer Identität potenziell bedroht, ist sie wichtig, um neue Perspektiven, Ideen und Lösungsansätze zu generieren. Wie groß diese Spannung, also die Pendelbewegung zwischen den beiden Polen sein darf, charakterisiert den Reifegrad einer Gruppe (vgl. König und Schattendorfer 2012, S. 58 f.).

3.2.2 Arbeitsprinzipien – Das Hier-und-jetzt-Prinzip

Das Hier-und-jetzt-Prinzip spielt in den Trainingsverfahren der Gruppendynamik eine zentrale Rolle. Die Ablenkung durch Ereignisse, die außerhalb der T-Gruppe liegen, soll damit reduziert werden, um sich voll und ganz auf die Interaktionsweisen, Verhaltensformen, Koalitionen, Machtverhältnisse und Entscheidungsprozesse einzulassen. Die Konzentration auf das *Hier-und-Jetzt* hilft, sich auf das unmittelbare Erleben und die interpersonalen Ereignisse zu fokussieren, um das aktuelle Gruppengeschehen besser zu verstehen. Dazu ist es wichtig, das eigene Erleben den Anderen mitzuteilen. Diese direkten Erfahrungen bilden die Basis für den Lernprozess. Die Hintergründe der Interaktionsweise einer Person im aktuellen Lernprozess sind zweitrangig, da die Betrachtung der Geschichte keine unmittelbare Erfahrung (mehr) darstellt (vgl. Rechtien 2007, S. 99).

Das Wahrnehmen, sich der Wahrnehmung klar werden und diese formulieren zu können, ist eine Voraussetzung für den Austausch in der Gruppe. Da Wahrnehmungen perspektivisch und immer schon eine Interpretation sind, können sie durch den Austausch mit den anderen Gruppenmitgliedern abgeglichen werden. Dieses Trainieren und Vergegenwärtigen der Wahrnehmung von Personen, wie es in einer T-Gruppe stattfindet, bedeutet soziales Lernen (vgl. König und Schattendorfer 2012, S. 83).

Die T-Gruppe ist demnach sowohl eine Methode zur Erforschung von Gruppen- und Intergruppenphänomenen als auch eine des sozialen Lernens in einem speziellen Setting (vgl. Buchinger 1996, S. 325).

Relative Unstrukturiertheit
Die initiale Unstrukturiertheit und das Ausbleiben der erwarteten Führung durch den Trainer kann in der T-Gruppe Verunsicherung und Frustration hervorrufen, solange die Rollenverteilung innerhalb der Gruppe ungeklärt ist. Diese Stress auslösende Situation evoziert das für solche Situationen typische Verhaltensmuster der einzelnen Gruppenmitglieder – das kann von Rückzug, über Strukturierungsversuche bis hin zu Anspannung, Wut und Ärger gehen. Dahinter stehen Ängste, dass die innere Identität angetastet wird oder preisgegeben werden muss (vgl. Rechtien 2007, S. 102). In der Tat wird auf eine gewisse Weise die Identität angetastet, denn – so Geramanis (2016, S. 10 ff.) – wird durch die gegenseitigen Abhängigkeiten der Individuen in einer Gruppe aus einem autonomen Individuum, ein „Individuum-in-der-Gruppe", dessen Handlungsoptionen sich durch die Handlungsmuster der Gruppe verschieben.

Dieser niedrige Strukturierungsgrad stellt einen Gegentypus zu den strukturierten und arbeitsfeldbezogenen Trainingsveranstaltungen in Organisationen dar und bietet auch die Möglichkeit, mit Unsicherheit und Widersprüchen umgehen zu lernen. Es gilt je nach Ziel der Veranstaltung, eine adäquate Abstufung zwischen den beiden Polen zu finden (vgl. Rechtien 2007, S. 105).

3.2.3 Modelle

Ein Modell ist ein vereinfachtes Abbild der Wirklichkeit. In der Gruppendynamik bedeutet es meist mit einem bestimmten Fokus, mit einer bestimmten *Brille* auf Vorgänge und Dynamiken zu blicken. Sie strukturieren die Wahrnehmung und helfen so, einen gemeinsamen Rahmen für Beobachtungen zu schaffen, um sie besser einordnen und besprechen zu können. Dabei ist zu berücksichtigen, dass Modelle Abstraktionen der Wirklichkeit sind und in ihrer Vereinfachung nur Teilaspekte aufzeigen. Sie sind damit auch stark vom Zweck und der Ausrichtung des Modellbildenden geprägt (vgl. Ninck et al. 2001, S. 29).

Die anhand eines Modells gewonnenen Erkenntnisse sind ebenso als vereinfachten Ausschnitt der Realität zu sehen und nicht als Wirklichkeit selber.

An dieser Stelle alle gruppendynamischen Modelle vorzustellen, würde den Rahmen sprengen. Stellvertretend wird ein Modell kurz erläutert um anhand dessen im nächsten Kapitel Scrum aus gruppendynamischer Perspektive zu beleuchten.

Der Gruppendynamische Raum

Die Gruppendynamik geht davon aus, dass eine Gruppe – unabhängig von ihrer Aufgabe – grundlegende Themen klären muss, um zu einer inneren Ordnung zu kommen. Nur so kann sie ihr Potenzial entfalten. Jede Gruppe muss für sich laufend ihre Einordnung im *gruppendynamischen Raum* in den drei Dimensionen Zugehörigkeit, Macht und Intimität innerhalb des gruppendynamischen Prozesses finden (vgl. König und Schattendorfer 2012, S. 34).

Wenn nachfolgend jede Dimension kurz für sich erläutert wird, darf in der Betrachtung einer Gruppe mit diesen Perspektiven nicht vergessen werden, dass diese Dimensionen einander beeinflussen, bedingen und in der Realität keinesfalls so statisch und klar abgrenzbar sind.

Die Dimension Zugehörigkeit beschreibt das Bedürfnis, von den anderen Gruppenmitgliedern akzeptiert und als Teil der Gruppe gesehen zu werden. Es geht dabei um die Gegenpole drinnen und draußen und den Spannungsbogen jedes einzelnen, sich der Gruppe zugehörig zu fühlen, sich in dem Kontext sowohl als Individuum wie auch als „Individuum-in-der-Gruppe" erfahren zu können.

Das Konstrukt der Gruppe wird erst durch die Zugehörigkeit und der damit einhergehenden Abgrenzung gegenüber Umwelt und anderen Gruppen existent. Die Ausprägung der (Un-)Durchlässigkeit der Grenze kann unterschiedlich sein, ist aber für die Gruppe relevant. Wie offen die Gruppengrenze einerseits sein darf, ohne die Gruppe als solche zu gefährden, und wie stark sie sich andererseits abgrenzen kann, ohne sich den relevanten Umwelten zu sehr zu verschließen, hängt sowohl von der Gruppe wie auch von der Umwelt ab. Innerhalb der Gruppe entsteht durch die unterschiedlichen Beziehungen der Personen untereinander eine innere Ordnung, die festgelegt, wer im Zentrum und wer am Rande steht (vgl. König und Schattendorfer 2012, S. 35).

Die Dimension Macht hat heute oft eine negative Konnotation und ist ein gesellschaftliches Tabu, weil das Phänomen oft in Zusammenhang mit Beeinflussung bis hin zu Manipulation verstanden wird. Doppler (1997, S. 287, kursiv im Original) setzt Macht denn auch gleich mit: „[…] *den Sinngebungs- und Verhaltensspielraum anderer Menschen gezielt einengen*". Positiv könnte der Begriff aber auch als Kraft definiert werden. Hoffmann (2003, S. 26 f.) formuliert sogar, dass es ohne Macht keine neue Gestaltung oder Veränderung gäbe und dass in dem Sinne verstanden, Macht eine gestaltende und aufbauende Kraft ist.

Die Gruppendynamik geht davon aus, dass Macht ein Charakteristikum jeder sozialen Beziehung ist. Die Macht ist also da – ob wir wollen oder nicht, ob wir sie anerkennenden oder nicht, ob formal oder informell. Da wir als Einzelne wie auch als Gruppen immer in ein größeres soziales Gefüge eingebunden sind, sind Einfluss und Einflussnahme wesentliche Voraussetzungen, um Wirkung zu erzielen. Dazu muss aber das Machtgefüge innerhalb einer Gruppe soweit ausbalanciert und geklärt sein, dass die Gruppe arbeitsfähig ist. Es bedeutet nicht, dass die Machtfrage abschließend geklärt werden muss – Macht ist relativ und dynamisch und kann in solchen Gefügen gar nie abschließend geregelt werden. Machtabhängige, so Hoffmann (2003, S. 49), sind denn auch nicht völlig machtlos – sie können ihrerseits Macht ausüben, indem sie der Macht innehabenden Person die Energie, Unterstützung und Gefolgschaft entziehen. Erdélyi postuliert dazu (2001, S. 127): „Machtausübung ist immer interaktiv. Sie ist eine Art von Transaktion und braucht die explizite oder stillschweigende Zustimmung der Betroffenen, aus welchen Überlegungen auch immer." Oder wie Geramanis (2016, S. 35) es auf den Punkt bringt: „Macht hat man nicht alleine, sondern andere müssen sich auch bemächtigen lassen."

Die offensichtlichste Repräsentation von expliziter, formeller Macht in Organisationen ist die Hierarchie mit ihren Regelungen. Aber auch die impliziten informellen Normen sind Übereinkünfte und stellen eine Form von Macht dar (vgl. König und Schattendorfer 2012, S. 37).

Die Dimension Intimität bezieht sich auf die Distanz der Gruppenmitglieder, wie vertraut und wie nah oder fern sie die Beziehungen gestaltet. Es geht dabei um das Bedürfnis, in der Gemeinschaft Zuneigung und emotionale Bestätigung zu erfahren und auch zu geben (vgl. Geramanis 2016, S. 18). Letztlich muss die Gruppe für sich herausfinden, wie viel Nähe oder Distanz akzeptiert wird und wie groß die Spannweite innerhalb der Gruppe sein darf.

Der Bezug zu den anderen Dimensionen Zugehörigkeit und Macht ist offensichtlich: Wie distanziert darf man z. B. innerhalb der Gruppe sein, ohne die Zugehörigkeit zur Gruppe zu verlieren? Enge Beziehungen und speziell Freundschaften mit ihrem inhärenten Loyalitätsanspruch, bilden innerhalb der Gruppe einen Machtpol und bergen das Risiko, das Machtgefüge aus der Balance zu bringen (vgl. König und Schattendorfer 2012, S. 38 f.).

3.3   Zweites Zwischenfazit

Die Gruppendynamik mit ihrem breiten Hintergrund bietet vielfältige Möglichkeiten und Perspektiven, um auf ein Gruppengeschehen zu schauen. Der Blick *hinter die Bühne* kann aufdecken, dass so mancher Konflikt, der sich auf der Sachebene manifestiert, eigentlich ein Thema der Gruppe und der Beziehung ihrer Mitglieder untereinander darstellt und es möglicherweise um Macht und Einflussnahme geht, um unterschiedliche Bedürfnisse, was Nähe und Distanz anbelangt oder ganz einfach darum, zur Gruppe zu gehören.

Das Modell des gruppendynamischen Raums soll im nächsten Kapitel Hilfestellung leisten, wenn es darum geht Scrum aus der gruppendynamischen Perspektive zu betrachten. Im agilen Paradigma und in Scrum spielen Teams und ihre Selbstorganisation eine zentrale Rolle. Diese bedingt laut Geramanis (2016, S. 99) die Fähigkeit der Gruppe zur Selbstdiagnose, die Prozesse auf der Beziehungs- und Gefühlsebene zu erkennen, anzusprechen und ein gemeinsames Verständnis darüber zu schaffen. Denn die Arbeitsfähigkeit einer Gruppe hängt von weit mehr als bloß der Aufgabe und den individuellen Ressourcen eines Arbeitnehmers oder einer Arbeitnehmerin ab; die Ressourcen der Gruppe an sich spielen dabei eine wesentliche Rolle. Diese sind abhängig davon, inwieweit das In-Beziehung-Gehen geklärt ist (vgl. ebd., S. 47 f.). Dazu ist eine gute Portion Mut erforderlich, Unsicherheit zuzulassen, denn: „Die Unsicherheit ist kein Fehler im System, sondern die wichtigste Ressource der Selbstorganisation" (Geramanis 2016, S. 21).

Gerade damit tun sich die von hierarchischen Organisationen und deren Verkörperung der Kontrollillusion geprägten Personen schwer. Hier kann die Gruppendynamik viel zum Verständnis, zur Einsicht und zu einer erfolgreichen Umsetzung beitragen.

Darüber, ob und wie diese Ansätze und Ideen aus der Gruppendynamik in Scrum integriert sind, ob und wie Scrum die Gruppensteuerung gestaltet, soll das nächsten Kapitel Klarheit schaffen.

Gruppendynamisch agil – agile Gruppendynamik 4

Wo die angewandte Gruppendynamik Erkenntnisse liefert, was in der (Selbst-) Steuerung von Gruppen relevant ist, also Grundlagen schafft und mehr auf den Prozess der Gruppe und anhand von Modellen auf die Dynamiken blickt, geht Agil von Prinzipien und Werten aus und definiert in Abhängigkeit des jeweiligen Modells Strukturen und Regeln. Diese sind mehrheitlich auf operative und inhaltliche Fragestellungen auf der Sach- und Produktebene ausgerichtet.

4.1 Haltung

Obwohl in der Literatur immer wieder betont wird, dass Agil eine Haltung ist, wird diese nicht explizit, sondern über Werte und Prinzipien (vgl. auch Abschn. 2.1) definiert. Eine aus diesen Punkten und den Eckpfeilern des *Agilen Manifests* abgeleitete Haltung könnte etwa wie folgt lauten:

- Wissensdurst und Mut, Neues auszuprobieren – es lohnt sich, Unbekanntes zu explorieren
- Individuen und deren Interaktionen in der Gruppe stehen im Zentrum; gemeinsam vermag die Gruppe die Kundschaft zu begeisterten
- Fehlschläge nicht als Misserfolg betrachten, sondern als Möglichkeiten zur Weiterentwicklung
- Die einzige Konstante ist die Veränderung, die Realität zählt mehr als das Festhalten an Plänen; Veränderungen sind Chancen

Demgegenüber erfordert die gruppendynamische Haltung (vgl. http://www.gruppendynamik.ch/expertise-gruppendynamik):

© Springer Fachmedien Wiesbaden GmbH 2018
E. Werro, *Gruppendynamische Aspekte agiler Frameworks,* essentials,
DOI 10.1007/978-3-658-19377-5_4

- Neugier, einen forschenden Geist, der nicht nur hinterfragt, was nicht funktioniert, sondern auch, was funktioniert (oder zumindest so erscheint)
- Empathie, um sich in einen anderen Menschen zu versetzen, also die Fertigkeit Perspektivwechsel und Fähigkeit zur Resonanz
- Zuversicht und das Vertrauen in die Fähigkeiten und den Willen der Gruppe, sich auch unter widrigen Umständen organisieren und steuern zu können

Die Haltungen, welche letztlich Handlung, Verhalten und Umgang von Menschen beeinflussen, decken sich also in weiten Teilen und zeigen keinen grundlegenden Widerspruch.

Beide gehen von einem mündigen, also selbstbestimmten und autonomen Wesen innerhalb einer Gruppe (vgl. Geramanis 2016, S. 65) und einem positiven Menschenbild aus. Ein gemeinsames Verständnis haben sie auch darin, Führung nicht mehr als eine Funktion eines Vorgesetzten zu sehen, sondern als Aufgabe, die eine Gruppe als Ganzes leisten muss (vgl. Brocher 1999, S. 36).

4.2 Fokus

Der Fokus agiler Frameworks liegt primär auf Zielen und Zwischenetappen auf der Sachebene, auf den zu erstellenden Produkten. Das reibungslose Zusammenspiel innerhalb der Gruppe wird vorausgesetzt. Emotionen werden vorzugsweise versachlicht. Hauser (2001, S. 55) warnt jedoch vor der Überbetonung der Rationalität und der Sachebene. Durch die damit einhergehende Ausklammerung, Verdrängung oder Abwertung der Emotionalität wird die Chance vergeben, die Intuition in Entscheidungen mit einfließen zu lassen, wo analytisches Denken alleine überfordert ist. Die Aufforderung, doch bitte sachlich zu bleiben, widerspiegelt oft die Angst vor emotionalen Ausbrüchen und die Unfähigkeit, damit umzugehen. Der Umgang mit Gefühlen erfordert Übung. Um Gefühle äußern und damit kraftvoll kommunizieren zu können, müssen erst die Gefühle bewusst wahrgenommen und benannt werden können.

Das Augenmerk der Gruppendynamik dagegen liegt auf den Personen, ihren Beziehungen und Interaktionen und auf der Steuerung der – wie der Name impliziert – Dynamik. Es liegt entsprechend mehr auf dem Prozess im *Hier und Jetzt*, dem Weg, auf dem Ziele erreicht werden können, denn primär auf der Zielerreichung selber. Das Wahrnehmen der eigenen Gefühle und der Austausch darüber werden als Werkzeuge gesehen, Emotionen als Wegweiser akzeptiert und genutzt.

4.3 Strukturierungsgrad

Oberflächlich verstanden wird Agil oft mit wenig Struktur und Vorgaben gleichgesetzt, bei näherer Betrachtung der verschiedenen Modelle wird das jedoch nicht bestätigt. Hierarchien werden in agilen Organisationen wohl (abhängig vom konkreten Modell) abgeflacht, teilweise aufgelöst, durch Kreise oder Netzstrukturen ersetzt, um andere Arbeitsweisen zu ermöglichen und zu fördern, sie sind aber keinesfalls strukturlos. Agile Organisationen kommen nicht ohne Regeln und Prozesse aus; so definiert Scrum Rollen, Aktivitäten und Artefakte.

Demgegenüber ist in der Gruppendynamik, wie im Abschn. 3.2.2 beschrieben, die Niedrigstrukturiertheit eines ihrer Arbeitsprinzipien. Die Dynamik ist nicht zu kontrollieren oder zu strukturieren, sondern lediglich durch kontinuierliche Justierung begrenzt steuerbar. Die Gruppendynamik gibt sich nicht der Kontrollillusion hin, sondern beabsichtigt vielmehr, den Schwung der Dynamik zu nutzen und mittels Interventionen in die gewünschte Richtung zu steuern – ähnlich einem Wellenreiter, der nicht der Versuchung erliegt, eine Welle zähmen zu wollen, sondern vielmehr ihre Kraft, Energie und Dynamik nutzt, um vorwärtszukommen. Was sich strukturieren lässt, sind Räume, in denen die Dynamik beobachtet und besprochen werden kann.

4.4 Gruppendynamische Strukturelemente in Scrum

Inwieweit berücksichtigt Scrum nun implizit gruppendynamische Annahmen und Erkenntnisse? Wie geht Scrum mit den gruppendynamischen Aspekten um? Denn eines vorweg: ob nun die Gruppendynamik bewusst einbezogen wird oder versucht wird, sie explizit auszuklammern: „Gruppendynamik ist wie das Wetter – es findet immer statt" (Geramanis 2016, S. 105).

Die Strukturelemente, die Scrum als Framework mit agilem Hintergrund nutzt, wurden in den Abschn. 2.4.1 bis 2.4.3 vorgestellt. Wohl findet in allen Aktivitäten Gruppendynamik statt und die Rollen haben Einfluss auf die Dynamik, aber es lässt sich kaum einen Bezug zu gruppendynamischen Aspekten herstellen. Einzig die Rolle des Scrum Masters und die Retrospektive als Aktivität könnten von der Gruppendynamik inspiriert sein. Diese beiden Elemente lohnen entsprechend einer näheren Betrachtung.

4.4.1 Retrospektive

Als kurze Rekapitulation: die Retrospektive findet jeweils einmal pro *Sprint* an dessen Ende mit einer *Time Box* von maximal drei Stunden statt. Dabei soll das Entwicklungsteam reflektieren, wie der zurückliegende *Sprint* verlaufen ist mit dem Ziel, konkrete Verbesserungen zu identifizieren und einen Umsetzungsplan zu erarbeiten. Selbstreflexion ist neben Selbstverantwortung und Selbstmanagement eine wichtige Voraussetzung für Selbstorganisation (vgl. Gloger und Margetich 2014, S. 24).

Auf das zu schauen, wie es einem geht, also Selbstreflexion, erscheint gelegentlich einfacher, als es tatsächlich ist, denn Akteur und Beobachter zu sein, setzt ein ordentliches Maß an Distanzierungs- und Differenzierungsfähigkeit, an Fähigkeit der Selbstbeobachtung und dem Zulassen von Ambiguitäten (vgl. Königswieser 2008, S. 78) voraus.

Hinzu kommt, dass die individuelle Reflexion einzelner Gruppenmitglieder nicht ausreicht, weil diese jeweils nur den eigenen subjektiven Ausschnitt beinhaltet, der nicht mit dem der Gruppe übereinstimmen muss. Erst die kollektivierbare Reflexion macht eine Gruppe als Ganzes handlungsfähig, indem die Gruppe Klarheit über sich selbst und ihre Positionierung zum Beispiel im gruppendynamischen Raum gewinnt. Die *soziale Wahrheit* einer Gruppe setzt sich aus der Vergemeinschaftung der jeweiligen Sichtweise aller Gruppenmitglieder zusammen und wandelt sich im Masse wie sich einzelne Sichtweisen ändern (vgl. Heintel 2008, S. 191).

Der Fokus in der *Retrospektive* liegt sowohl auf der Sachebene der Inhalte, Abläufe und genutzten Werkzeuge wie auch auf der Metaebene der Zusammenarbeit und Beziehungen. Das Team soll sich mit beiden Ebenen auseinandersetzen, ohne sie zu vermischen.

> Für alle komplexeren sozialen Systeme ist die Fähigkeit, zwischen unterschiedlichen Operationsweisen zu wechseln, d. h. einmal aufgabenbezogen die Prozesse voranzutreiben und dann wieder auf das zu schauen, wie es einem dabei geht, ein wichtiger Modus der Selbststeuerung geworden (Wimmer 1995, S. 96).

Neben dem Risiko, die Ebenen zu vermischen, besteht auch die Gefahr, dass die meist vertrautere Sachebene stärker gewichtet wird, was zulasten der Betrachtung der Metaebene geht. Selbst in T-Gruppen fallen unter Zeitdruck die Diskussionen auf die Sachebene zurück, so Schwarz (2007, S. 254) und mit der Vorgabe von Scrum, einen Plan zur Umsetzung der identifizierten Verbesserungen zu erstellen, ist schon ein großer Schritt Richtung Formalisierung und weg vom Erleben des Gruppenprozesses vollzogen.

Die *Retrospektive* beinhaltet also viel gruppendynamisches Potenzial, sie kann wichtige Faktoren für die Selbstorganisation und Selbststeuerung adressieren. Die Anforderungen an Personen und ihre Sozialkompetenzen, diesen Ansprüchen gerecht zu werden sind hoch. Denn formalisieren lassen sich diese Prozesse nicht. Gemäß der Rollenbeschreibung kommt damit der Rolle des *Scrum Masters* eine bedeutsame Funktion zu.

4.4.2   Scrum Master

Nebst sicherzustellen, dass Scrum im Team und in der Organisation korrekt eingesetzt wird, hat die Rolle des Scrum Masters einen starken Bezug zur Gruppendynamik: er hat die Aufgabe, die Arbeitsfähigkeit des Teams zu ermöglichen, seine Selbstorganisation und sein crossfunktionales Handeln zu fördern und, wie im vorherigen Abschnitt gesehen, die Nutzung der Retrospektive als Ort des sozialen Lernens sicherzustellen, also den Lernprozess des Teams auf der Interaktionsebene zu begleiten und fördern. Dieser Teil der Rolle ist vergleichbar mit dem Trainer/in einer T-Gruppe. Wie diese leitet die Rolle des *Scrum Masters* die Gruppe nicht, sondern unterstützt und berät die Gruppe und schafft bei Bedarf Ordnung, aber auch nur soweit notwendig. Sie gibt nur minimale Strukturen vor und schafft und hält primär den Raum, welcher der Gruppe die Freiheit gibt, sich selber auszuprobieren. Das heißt herauszufinden, wie das Team sich organisieren will, wer welche Rolle(n) übernimmt und so den Weg seiner Entwicklung selber findet.

Um eine solche Rolle wahrnehmen zu können, braucht es Kompetenzen, die Brocher (1999, S. 44) für die Rolle eines Gruppenleiters wie folgt formuliert:

> Von Bedeutung für den Lernprozess einer Gruppe sind dabei die affektiven Reaktionsmöglichkeiten des Gruppenleiters. Sie sollten weitgehend vom Bewusstsein kontrolliert sein, d.h. der Gruppenleiter sollte die erforderliche Reflexionsfähigkeit besitzen, um wahrnehmen zu können, was zwischen ihm selbst und dem Teilnehmer sowie in den Beziehungen der Gruppenmitglieder untereinander vorgeht

Da die Scrum Master Rolle teilweise mit der Trainer-Rolle einer T-Gruppe vergleichbar ist, können entsprechend auch die von der Deutsche Gesellschaft für Gruppendynamik und Organisationsentwicklung DGGO (2012, S. 3) definierten Anforderungen an die Rolle als weitere erforderliche Kompetenzen einer solchen gruppenbegleitenden Rolle herangezogen werden; „differenzierte Selbst- und Fremdwahrnehmung", „emotionale Stabilität und Belastbarkeit", „Spontaneität und adäquate Ausdrucksfähigkeit" sowie „Rollenflexibilität" gelten da als Basisvoraussetzungen.

4.5   Der gruppendynamische Raum in Scrum

Wenn Scrum wohl teilweise Potenzial, aber keine explizite Struktur zur Berücksichtigung gruppendynamischer Aspekte bietet, was gibt es für potenzielle Hürden angesichts dessen, dass Gruppendynamik ja offensichtlich immer stattfindet. Was stellt sich da das aus der Perspektive des gruppendynamischen Raums dar?

Die Rolle *des Product Owner* definiert zwar, was mit welcher Priorität gemacht werden muss; den Umfang, wie etwas umgesetzt und implementiert wird, die Umsetzung und Qualitätssicherung obliegen jedoch den *Entwicklungsteams*. Das Team muss dieses breite Aufgabenspektrum innerhalb des Teams selber organisieren und muss sich selber arrangieren. Das erfordert gemäß Röpsdorff und Wiechmann (2012, S. 24) ein „gut funktionierendes" Team und das Vorhandensein von „Vertrauen, Wertschätzung und Verantwortung". Aber das passiert selten von alleine. Auch in einem Scrum *Entwicklungsteam* muss das als Ergebnis eines (bewusst oder unbewusst) erfolgreichen iterativen Gruppenprozesses gesehen werden, in dem laufend die Rollen und die Dimensionen des gruppendynamischen Raumes geklärt werden. Damit ein Wir-Gefühl in der Gruppe und folglich eine Arbeitsfähigkeit entstehen kann, müssen die implizit oder explizit getroffenen Regelungen hinsichtlich dieser Dimensionen von allen Gruppenmitgliedern zumindest momentan akzeptiert sein. Arbeitsfähig sind die Gruppenmitglieder immer dann, wenn es ihnen gelingt, die Situation in der Gruppe selbstständig zu klären und zu verbessern. Jede Verschiebung in einer Dimension hat Auswirkungen auf die beiden andern.

Der Prozess dauert an, solange die Gruppe besteht – wenn auch nicht immer mit der gleichen Intensität und Dynamik.

4.5.1   Zugehörigkeit im Scrum Entwicklungsteam

Die Frage der Zugehörigkeit stellt sich schon bei der äußerlichen, initialen Zusammenstellung des Teams. Die von Scrum vorgegebenen Rahmenbedingungen sind marginal. Es müssen alle für die Aufgabe notwendigen Fähigkeiten im

Team vereint sein, deshalb die Forderung nach crossfunktionalen Teams. Gemäß Theorie soll das Team selber zusammenfinden, was schon eine erste Herausforderung darstellt: Wer soll dazu gehören, wen wollen die Gruppenmitglieder nicht in der Gruppe haben? Neben den fachlichen Kompetenzen spielen auch interpersonale Aspekte eine Rolle. In der Realität werden die Teams meist von den (noch vorhandenen) Vorgesetzten zusammengestellt, so bleibt dem Entwicklungsteam diese erste Auseinandersetzung vorerst erspart, kann aber – je nach Zusammenstellung der Gruppe – später zum Tragen kommen. Die innere Ordnung der Gruppe, die Beziehungen untereinander d. h. wer letztlich im Zentrum und wer am Rande steht oder gar nicht akzeptiert wird, lässt sich nicht formal definieren.

Mit der bewusst crossfunktionalen Zusammensetzung der Entwicklungsteams ist schon eine erste – funktionale – Differenzierung gegeben. Um diese verschiedenen Perspektiven entsprechend des Grundgedankens dahinter effektiv nutzen zu können, muss die Gruppe eine Integrationsleistung erbringen, ohne die der beabsichtigte kreative Austausch und die ganzheitliche Lösungsfindung nicht (im erhofften Masse) erfolgen können. Im Entwicklungsteam muss geklärt werden, wie stark die Differenzierung sowohl auf der fachlichen wie auch auf persönlicher Ebene sein darf. Wesentlich ist, dass beide Ebenen unterschiedlich sein und sich gegenseitig beeinflussen können. Besteht beispielsweise eine Nähe auf der persönlichen Ebene, ist möglicherweise eine größere fachliche Differenzierung akzeptiert – oder wird im Gegenteil als Loyalitätsmangel interpretiert. Alle gruppendynamischen Themen bezüglich Zugehörigkeit zum Entwicklungsteam werden durch die fachlichen Fragestellungen und die fachbezogenen Beziehungen innerhalb der Gruppe erweitert.

Zudem muss bedacht werden, dass Scrum Teams oft entsprechend den Projekten und damit temporär zusammengesetzt sind. Crossfunktionale Zusammensetzung von Teams bedeutet auch, dass die Personen aus unterschiedlichen Stammorganisationen – der Ort in der Organisation, wo sie gegebenenfalls auch während eines Projektes organisatorisch angesiedelt sind – kommen. Hinsichtlich Zugehörigkeit stehen in dem Fall für jedes Teammitglied zusätzlich Stammorganisation und *Entwicklungsteam* in Konkurrenz zu einander.

4.5.2   Macht im Scrum Entwicklungsteam

Wo in traditionellen Organisationsformen die formale Macht geregelt ist, ist sie in selbstorganisierten Teams nicht strukturell definiert. Es werden im Laufe der Zusammenarbeit implizite Normen und Regeln entwickelt.

In Scrum geht Abschaffung der formalen Macht soweit, dass es innerhalb des Entwicklungsteams keinen Rang im Sinne einer Funktionsbezeichnung gibt. Alle haben dieselbe Rolle, die des Entwicklers, inne. In der Idealvorstellung, welche die Theorie zu Scrum vermittelt, herrscht bei fälligen Entscheiden in der Gruppe – basierend auf ihrem fachlichen Know-how – ein Konsens, was die beste Lösung sei, oder es würde sich bei Bedarf die *richtige* Person durchsetzen. Abgesehen von der Frage, wie denn der richtige Entscheid definiert wird, scheint bei dieser Annahme der Wunsch der Vater des Gedankens zu sein. Denn die Macht, sich durchzusetzen, kann, muss aber nicht mit dem Fachwissen korrelieren. In einer Gruppe ist das Fachwissen nur ein möglicher Machtfaktor. Macht hat viele Facetten. Neben der Macht durch Fachwissen, durch Informationsvorsprung, durch Überzeugungskraft und Rhetorik, durch Zwang oder Belohnung können sich auch Machtpositionen durch Vernetzung und durch die anderen Dimensionen des gruppendynamischen Raums ergeben: durch Identifikation und Charisma, aus Kooperationen und aufgrund von Allianzen.

Durch die crossfunktionale Zusammensetzung der Teams können zusätzlich noch die Interessen und Machtgefüge der Stammorganisation das Vorgehen und die Entscheidungen beeinflussen und schlimmstenfalls beeinträchtigen.

Unterschiedliche Meinungen zu konkreten fachlichen Fragen können bei ausgewogener Machtverteilung eine Pattsituation herbeiführen. Da Scrum keine Eskalationsstufen vorsieht, bleibt der Entscheid in der Gruppe. Dieser Entscheid ist je nach Situation der Gruppe und ihrer Fähigkeit, mit Konflikten umzugehen, davon abhängig, wer in der Gruppe am meisten Macht und damit Durchsetzungsvermögen hat, wer mit Loyalitätskonflikten kämpfen und wer im Extremfall um seine Zugehörigkeit bangen muss. Trotz der viel beschworenen Transparenz besteht ein inhärentes Risiko, dass nicht unbedingt der beste fachliche Entscheid getroffen wird, wie die Literatur suggeriert. Das Thema der Machtverteilung innerhalb der Entwicklungsteams von Scrum wird in der Literatur nicht thematisiert.

4.5.3 Intimität im Scrum Entwicklungsteam

In der Dimension der Intimität geht es um die Frage, wie nah oder fern sich einzelne Gruppenmitglieder sind, sein dürfen oder müssen. Gibt es außerhalb des Arbeitsplatzes ein gemeinsames soziales Leben und ist die Teilnahme an solchen informellen Anlässen quasi Pflicht? Müssen alle gleich nah sein und ist diese Nähe zwingend, um das in den Artikeln zu Scrum als essenziell deklarierte Vertrauen in der Gruppe zu erhalten? Ist Nähe auf der persönlichen Ebene auch gleichbedeutend mit der Nähe in fachlichen Belangen oder kann Nähe auch unabhängig von der persönlichen Nähe aufgrund der fachlichen Rolle entstehen, also Koalitionen basierend auf einem gleichen fachlichen Hintergrund oder gemeinsamen Ansichten? Wenn die Gruppe, wie das Entwicklungsteam in Scrum als Ganzes, für die Zielerreichung verantwortlich gemacht wird, wie viel Autonomie kann der einzelnen Person gewährt werden? Diese Fragen muss das Entwicklungsteam parallel zu den inhaltlichen Fragestellungen laufend klären.

Wie schon in den anderen Dimensionen können die Beziehungen auf der Ebene des *Individuums-in-der Gruppe* und der Ebene der Fachperson unterschiedlich sein.

4.6   Drittes Zwischenfazit

Viele der eben gestellten Fragen lassen sich nicht generell beantworten, denn die Gruppe ist kein statisches Gebilde, sondern durch die stetige Interaktion der Gruppenmitglieder und der umgebenden Personen kontinuierlich im Wandel. Zudem basiert Selbstorganisation auf Freiwilligkeit und kann weder angeordnet noch aufgedrängt werden, es kann lediglich ein Milieu geschaffen werden, das diese begünstigt und fördert (vgl. Röpsdorff und Wiechmann 2012, S. 35). Jedes Team muss als ein Teil des Gruppenprozesses eigene Antworten finden und sich dafür selbstorganisiert mit den Themen auseinandersetzen. Reflexionsfähigkeit, Selbstorganisation, Haltungen und konstruktiver Umgang mit Emotionen lassen sich nicht formalisieren – nur erfahren und trainieren. Ohne gruppendynamische Kenntnisse bleibt es ein Glücksspiel, ob die Mitglieder des Scrum Team über die notwendigen sozialen, emotionalen und gruppendynamischen Kompetenzen und über Reflexionsfähigkeit verfügen und die Person in der Rolle des *Scrum Masters* gruppendynamisches Wissen oder Gespür sowie entsprechende Erfahrungen besitzt. Scrum scheint noch stark von der mechanistischen Wenn-dann-Haltung, der linearen Ursache-Wirkung-Denkweise, geprägt. Die Illusion, die Kontrolle zu haben und beibehalten zu können scheint oft noch tief verwurzelt, der Umgang mit Ambiguität und mit Steuerung, ohne die Kontrolle zu haben wenig vertraut.

Da sich gruppendynamische Aspekte nur marginal formalisieren lassen, lassen sich können sie auch nicht in ein Framework wie z. B. Scrum *eingebaut* werden. Es können lediglich Strukturen wie entsprechende Rollen oder (zeitliche) Räume formal geschaffen werden um so die Voraussetzung zu schaffen die Metaebene stärker einzubeziehen, den gruppendynamische Prozesse zu reflektieren, Erfahrungen zu sammeln und sich als Gruppe ausprobieren zu können. Für Scrum-nutzende heißt das:

- Sicherstellen, dass innerhalb der Retrospektiven die Gruppe – ähnlich einer T-Gruppe in der Gruppendynamik –, ihr Verhalten und ihre Art der Zusammenarbeit immer wieder untersucht, hinterfragt und diese Vorgänge dadurch explizit und besprechbar macht um sich nicht ausschließlich auf die Sachebene zu beziehen.
- Sicherstellen, dass die als *Scrum Master* nominierten Personen Erfahrung im Umgang und in der Steuerung von Gruppe haben; im Idealfall über eine gruppendynamische Ausbildung und entsprechend über Kenntnis der Modelle und Erfahrung sowie Sicherheit im Umgang mit Unsicherheit verfügen. Empathie und Klarheit über die eigenen Gefühle sind weitere wichtige Aspekte. Vor allem bedeutet es, selber die gruppendynamische Haltung zu verkörpern, Ambiguität nicht immer auflösen zu wollen und Unsicherheit als Ressource wahrnehmen zu können.

Wenn die auf den Scrum Teams ruhende Hoffnung u. a. der verbesserten Produktivität ernst genommen wird, muss ein professioneller Blick auf alle Prozesse, auch auf die der Metaebene, geworfen werden; denn:

Tatsächliche Produktivität = potentielle Produktivität – Prozessverluste (Scherm 1998, S. 65).

Das Risiko von Prozessverlusten ist umso höher, je weniger gruppendynamische Vorgänge bewusst gemacht und adressiert werden.

Schlussbetrachtungen

5

Es gibt nicht das richtige Organisationsparadigma, sondern das passende, welches in der jeweiligen Organisation funktioniert. Die wachsende Komplexität und die Beschleunigung veranlassen viele Organisationen, neue Wege zu suchen und mit *Agil* auf ein neues Organisationsparadigma zu setzen. *Agil* ist jedoch weder primär Methode noch Modell, sondern wie wir gesehen haben eine Haltung.

Ein Paradigmawechsel zu *Agil* ist ein tief greifender Change und geht unter anderem mit einem Machtverlust der Führung einher; daraus resultiert eine (nicht unbegründete) Angst vor Kontroll- und Statusverlust der Führung. Durch den Umbau von Strukturen sowie den Abbau von Hierarchien, der Machtkonzentration an der Spitze und der Steuerung per Befehl kommen die Dynamiken innerhalb der Gruppen mehr und möglicherweise offener zum Tragen. Bislang erfolgreiche Manager sind verunsichert, sollen sie doch nun plötzlich gruppendynamische Prozesse steuern. Das erscheint neu, fremd und ungewohnt, obgleich die Themen wie Macht, Zugehörigkeit und Intimität – also die Dimensionen des *Gruppendynamischen Raums* – schon immer auch Teil in hierarchischen Organisationen waren, ohne sie jedoch als solche zu benennen. Denn hinter der abstrakten Bezeichnung *Organisation* stehen letztlich Menschen mit ihren Persönlichkeiten, Werten, Haltungen, Fähigkeiten, Vorlieben und Abneigungen sowie den wechselseitigen Beziehungen untereinander.

Soll das *agile Paradigma* nachhaltig ein Erfolgsmodell werden, müssen gruppendynamische Aspekte in irgendeiner Form berücksichtigt, besprechbar und damit bearbeitbar gemacht werden. Führungskräfte und Mitarbeitende müssen ein Gefühl für die Beziehungen und Dynamiken innerhalb der Gruppe haben und über eine Gelassenheit im Umgang mit Ungewissheit und Mehrdeutigkeit verfügen. Vor allem müssen sie mit sich und der eigenen Gefühlswelt vertraut sein, um Emotionen als eine Art Seismografen nutzen und einbeziehen zu können, gleichzeitig aber über den notwendigen Abstand verfügen, um sich von den Gefühlen nicht

© Springer Fachmedien Wiesbaden GmbH 2018

E. Werro, *Gruppendynamische Aspekte agiler Frameworks,* essentials,

DOI 10.1007/978-3-658-19377-5_5

vereinnahmen zu lassen. Emotionale, soziale und gruppendynamische Kompetenzen können jedoch nicht durch das Lesen von Büchern angeeignet werden, sondern entstehen und wachsen nur durch Interaktion mit Menschen und Gruppen.

Auch wenn Zufriedenheit und Motivation der Mitarbeitenden wichtige Faktoren des neuen Paradigmas sind, heißt Agil und Selbstorganisation nicht, dass jeder Einzelne individuell nach Lust und Laune arbeiten und entscheiden kann; auch in agilen Organisationen gibt es Regeln, Prozesse und Strukturen. Denn es gilt: „Selbstorganisation muss organisiert werden" (Lang 2016, S. 49). Der Umfang der formalen Vorgaben verschiebt sich aber gemessen an traditionellen Organisationen hin zu informellen impliziten Gruppennormen. Ein Grund mehr, die Gruppendynamik als die Disziplin, welche intensiv das Verhalten von Gruppen und Personen in Gruppen erforscht und sich mit deren Arbeitsfähigkeit auseinandersetzt, stärker einzubinden und ihre Erkenntnisse als Basis einzubeziehen. Die nicht wirklich befriedigende Antwort auf die Eingangs gestellte Frage, ob Scrum erfolgreich sein kann, wenn den impliziten gruppendynamischen Aspekten explizit keine Beachtung geschenkt wird, lautet: „Es kommt drauf an!"

Organisationen und Gruppen stellen einerseits einen eigenen Mikrokosmos, andererseits aber eben auch ein Abbild der Gesellschaft mit der jeweiligen Weltanschauung und damit den gängigen Werten dar. Damit können sie nicht unabhängig vom Gesamtkontext betrachtet oder verändert werden. Die Personen und ihre Beziehungen reflektieren dieses Weltbild und bringen Werte und Haltungen in die Gruppen. Diese zu verstehen, zu respektieren, aber auch zu nutzen, um eine Organisation weiterzubringen, helfen die gruppendynamische Modelle und Erkenntnisse. Um Agilität, wie sie postuliert wird, wirklich zielgerichtet und gewinnbringend einsetzen zu können, führt kein Weg an der Gruppendynamik mit ihren Modellen und Erkenntnissen vorbei. Auch wenn die Gruppe durch *Anwendung von Gruppendynamik* nicht berechenbarer wird und durch Berücksichtigung der gruppendynamischen Aspekte der Erfolg nicht zwangsläufig garantiert ist, ermöglicht erst der Einbezug der Gruppendynamik in die agilen Konzepte einen echten Paradigmawechsel, weil sie weit über logische Argumente hinausgeht und auch die Emotionen als Ressource erkennt, denn so Hauser (2001, S. 55):

Logische Argumente mögen zwar unseren Geist befriedigen, aber sie beflügeln nicht zur Tat.

Literatur

Brocher, Tobias. 1999. *Gruppenberatung und Gruppendynamik*. Leonberg: Rosenberger.

Buchinger, Kurt. 1996. Die Stellung der Gruppendynamik in der Managementfortbildung und Organisationsberatung. In *Gruppendynamik, Geschichte und Zukunft*, 2., überarbeitete Aufl., Hrsg. Gerhard Schwarz, Peter Heintel, Mathias Weyrer, und Helga Stattler. Wien: WUV.

Doppler, Klaus. 1997. Gruppendynamik und Organisationsentwicklung im Spannungsfeld der Macht. Chancen und Risiken eines handlungsorientierten Ansatzes. In *Gruppendynamik. Geschichte, Theorien, Methoden, Anwendung, Ausbildung*, 2. Aufl., Hrsg. Oliver König. München: Profi.

Erdélyi, Paul. 2001. Zeit – Raum – Führung. In *Führen Zwischen Hierarchie und … Komplexität nutzen – Selbstorganisation wagen*, Hrsg. Rudolf Attems, Markus Hauser, Hanna Mandl, Kuno Sohm, und Josef M. Weber. Zürich: Versus.

Freimuth, Joachim, und Carl Schütte. 2006. Historie, Typologie und Dynamik von großen Gruppen. Moderation, Selbstorganisation und Emergenz. *Zeitschrift Organisationsentwicklung* 35 (3): 50–61 (Erschienen am 1. Juli 2016).

Geramanis, Olaf. 2016. *Das Prinzip Gruppendynamik. Man kann niemanden zwingen, freiwillig zu kooperieren*. Unveröffentlichtes Manuskript. Basel (20. Juni 2016).

Gloger, Boris, und Margetich Jürgen. 2014. *Das SCRUM-Prinzip. Agile Organisationen aufbauen und gestalten*. Stuttgart: Schäffer-Poeschel.

Hauser, Markus. 2001. Die Kluft zwischen Führungsvision und Führungsalltag. In *Führen Zwischen Hierarchie und … Komplexität nutzen – Selbstorganisation wagen*, Hrsg. Rudolf Attems, Markus Hauser, Hanna Mandl, Kuno Sohm, und Josef M. Weber. Zürich: Versus.

Heintel, Peter, Hrsg. 2008. Über drei Paradoxien der T-Gruppe: Agieren versus Analysieren, Gefühl versus Begriff, Intensität versus Ende. In *betrifft: TEAM. Dynamische Prozesse in Gruppen*, 2. Aufl., Hrsg. Peter Heintel. Wiesbaden: VS Verlag.

Heintel, Peter, und Ewald E. Krainz. 2015. *Projektmanagement. Hierarchiekrise, Systemabwehr, Komplexitätsbewältigung*, 6. Aufl. Wiesbaden: Springer Gabler.

Hoffmann, Walter K.H. 2003. *Macht im Management*. Zürich: vdf.

König, Oliver. 1997. Einführung und Überblick. In *Gruppendynamik. Geschichte, Theorien, Methoden, Anwendung, Ausbildung*, Hrsg. Oliver König. München: Profi.

© Springer Fachmedien Wiesbaden GmbH 2018   39
E. Werro, *Gruppendynamische Aspekte agiler Frameworks*, essentials,
DOI 10.1007/978-3-658-19377-5

König, Oliver, und Karl Schattenhofer. 2012. *Einführung in die Gruppendynamik*, 6. Aufl. Heidelberg: Carl-Auer.

Königswieser, Roswita. 2008. Reflexion als Sprungbrett. In *betrifft: TEAM. Dynamische Prozesse in Gruppen*, 2. Aufl., Hrsg. Peter Heintel Wiesbaden: VS Verlag.

Laloux, Frederic. 2015. *Reinventing organizations*. München: Franz.

Lang, Dunja. 2016. *Gefangen im Komplexitätsdilemma. Wie Sie mit Zielkonflikten, Bürokratie und Verhaltensparadoxien wirkungsvoll umgehen und Organisationen agil, flexibel und stark machen*. Norderstedt: BoD-Books on Demand.

Malik, Fredmund. 2009. *Systemisches Management, Evolution, Selbstorganisation*, 5. Aufl. Bern: Haupt.

Mathis, Christoph. 2016. *SAFe. Das Scaled Agile Framework*. Heidelberg: dpunkt.

May, Jochen. 2011. *Schwarmintelligenz im Unternehmen*. Erlangen: Publicis.

Ninck, Andreas, Leo Bürki, Roland Hungerbühler, und Heinrich Mühlemann. 2001. *Systemik. Integrales Denken, Konzipieren und Realisieren*. Zürich: Orell Füssli.

Rechtien, Wolfgang. 2007. *Angewandte Gruppendynamik. Ein Lehrbuch für Studierende und Praktiker*. Weinheim: Beltz.

Röpstorff, Sven, und Robert Wiechmann. 2012. *Scrum in der Praxis*. Heidelberg: dpunkt.

Scherber, Stefan, und Lang Michael, Hrsg. 2015. *Agile Führung. Vom agilen Projekt zum agilen Unternehmen*. Düsseldorf: Symposion.

Scherm, Martin. 1998. Synergie in Gruppen – Mehr als eine Metapher? In *Gruppendynamik. Anspruch und Wirklichkeit der Arbeit in Gruppen*, Hrsg. Elisabeth Ardelt-Gattinger, Hans Lechner, und Walter Schlögl. Göttingen: Verlag für Angewandte Psychologie.

Schwarz, Gerhard. 2007. *Die „heilige Ordnung" der Männer. Hierarchie, Gruppendynamik und die neue Rolle der Frauen*, 5. Aufl. Wiesbaden: VS Verlag.

Wellhöfer, Peter R. 1993. *Gruppendynamik und soziales Lernen*. Stuttgart: Enke.

Wimmer, Rudolf (Hrsg.). 1995. *Organisationsberatung. Neue Wege und Konzepte*. Wiesbaden: Gabler.

Wüthrich, Hans A., Dirk Osmetz, und Kaduk Stefan. 2009. *Musterbrecher. Führung neu leben*, 3. Aufl. Wiesbaden: Gabler.

Internetquellen

Agile Buddha. http://www.agilebuddha.com/trainings-workshops/scrum-training-workshop. Zugegriffen: 15. Aug. 2016.

Beck, Kent, et al. 2001. Manifest für Agile Softwareentwicklung. http://agilemanifesto.org/iso/de/manifesto.html. Zugegriffen: 15. Aug. 2016.

Deutsche Gesellschaft für Gruppendynamik und Organisationsentwicklung DGGO. 2012. Trainer-/in für Gruppendynamik. Ausbildungsrichtlinien. http://dggo.de/_pdf/litr_Info/DGGO_Ausbildungsrichtlinien_TrainerIn.pdf. Zugegriffen: 12. Juli 2016.

Duden, Hrsg. o. J. Agil. http://www.duden.de/suchen/dudenonline/agil. Zugegriffen: 4. Nov. 2016.

Fachhochschule Nordwestschweiz. Gruppendynamik. http://www.gruppendynamik.ch/expertise-gruppendynamik. Zugegriffen: 6. Okt. 2016.

Initio Organisationsberatung. Unterschied Gruppe – Team. https://organisationsberatung.net/unterschied-gruppe-team. Zugegriffen: 1. Okt. 2016.

Krejci, Gerhard P. 2016. Organisation im Wandel. Erschienen am 1. April 2016. https:// www.zoe-online.org/meldungen/organisation-im-wandel. Zugegriffen: 12. Juli 2016.

Schwaber, Ken. 2014. Development process. Erschienen am 9. März 2014. https://issuu. com/addinquy/docs/scrum_oopsla_95. Zugegriffen: 19. Sept. 2016.

Sutherland, Jeff. 2011. Takeuchi and Nonaka: The roots of scrum. Erschienen am 22. Oktober 2011. https://www.scruminc.com/takeuchi-and-nonaka-roots-of-scrum. Zugegriffen: 19. Sept. 2016.

Sutherland, Jeff, und Ken Schwaber. 2016. Der Scrum Guide™. Der gültige Leitfaden für Scrum: Die Spielregeln. http://www.scrumguides.org. Zugegriffen: 24. Sept. 2016.

Takeuchi, Hirotaka, und Ikujiro Nonaka. 1986. The new new product development game. *Harvard business review*. Erschienen im Januar 1986. https://hbr.org/1986/01/the-new-new-product-development-game. Zugegriffen: 19. Juli 2016.

Wirtschaftspsychologische Gesellschaft Deutschland. Merkmale von Teams. http://www. wpgs.de/content/view/529/366. Zugegriffen: 1. Sept. 2016.